뭐? 우리가 악당이라고?

악당이 된 녀석들

2022년 1월 27일 초판 1쇄 발행
2023년 1월 23일 초판 2쇄 발행

기　　획 | 사자양
글　　　 | 정설아
그　　림 | 박지애

편　　집 | 김찬희 류지형
디 자 인 | 종달새
제　　작 | (주)공간코퍼레이션

펴 낸 이 | 신혜연
펴 낸 곳 | 다른매듭

출판등록 | 2020년 8월 1일(등록번호 제2020-000008호)
주　　소 | 전라남도 순천시 오천6길 24 109호 (우 57999)
전　　화 | 010-7907-2081
팩　　스 | 0504-054-2081
전자우편 | differentknot@naver.com

ISBN 979-11-974150-1-2 (73810)

ⓒ 정설아·박지애·사자양 2022

*이 도서는 한국출판문화산업진흥원의 '2021년 출판콘텐츠 창작 지원 사업'의 일환으로
　국민체육진흥기금을 지원받아 제작되었습니다.
*이 책은 저작권법에 따라 보호받는 저작물이므로 무단 전재와 무단 복제를 금합니다.
*잘못 만들어진 책은 구입처에서 바꿔 드립니다.
*책값은 뒤표지에 표시되어 있습니다.

어린이제품안전특별법에 의한 제품표시
제조자명 다른매듭　**제조국명** 대한민국　**사용연령** 만 8세 이상 어린이 제품

유해 외래종도 할 말은 있다

악당이 된 녀석들

정설아 글 | 박지애 그림 | 사자양 기획

다른매듭

차례

 **동물편**

귀여우면 그래도 되는 거야? (한국다람쥐) • 10
잘 적응한 게 뭐가 문젠데? (큰입배스) • 20
내가 진짜 폭군이야? (가물치) • 23
바이러스 전파자라고? (박쥐) • 44
최초라는데 기분이 왜 이러지? (래쿤) • 54
고작 만 원짜리라고? (뉴트리아) • 64
내가 밀어냈다고? (붉은귀거북) • 74
굴 좀 팠더니 난리 났네 (미국가재) • 87
우리가 미세 플라스틱을 만든다고? (지렁이) • 96
로드킬 당하는데 유해 야생 동물이라고? (고라니) • 106
그저 먹고 똥 쌀 뿐! (꽃매미) • 114
좀 알아보고 사용하지 그랬어? (깍지벌레) • 124
흐르는 대로 흘러갔을 뿐! (해파리) • 134

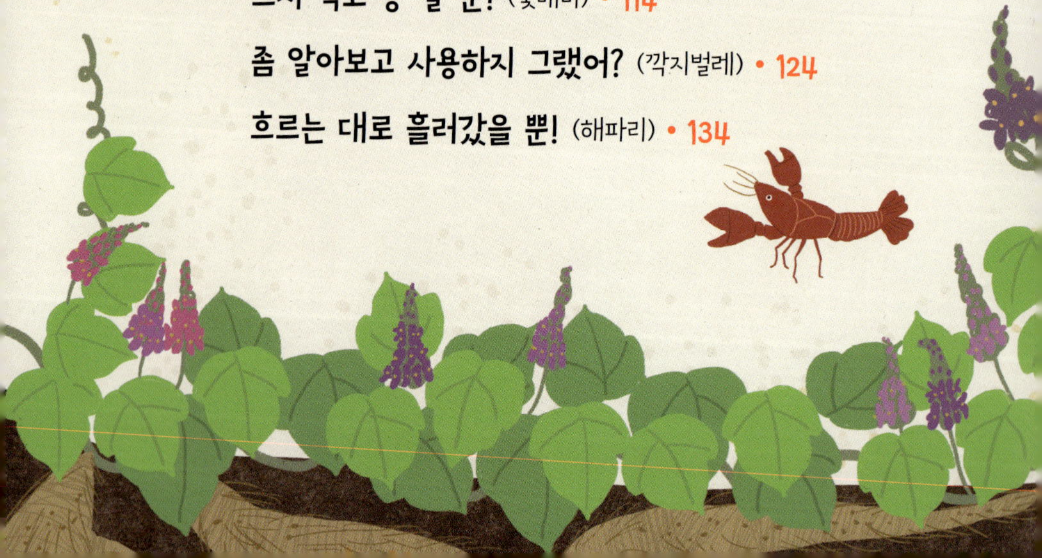

식물편

식물계의 연예인이라더니 이젠 뿌리도
내리지 말라고? (핑크뮬리) • 144

원래는 이런 데서 안 살아! (서양등골나물) • 152

그 녀석이 사라지게 된 게 내 탓이야? (가시박) • 160

옮겨 심으면 그렇게 될 줄 몰랐어? (칡) • 170

끈질겨서 좋다더니 전 세계적 문제아라고? (갯끈풀) • 178

벌을 키운다고 나를 불렀잖아! (양미역취) • 188

작가의 말

매머드가 멸종하게 된 이유는 무엇일까?

아주 먼 옛날에 지구에서 살았다는 매머드라는 동물을 알고 있나요? 코끼리와 매우 비슷하게 생겼지만 그 몸집은 5미터에 달하는 것부터 사람 키만 한 것까지, 매우 다양했다고 해요. 그런데 그렇게 큰 동물이 어째서 지금은 한 마리도 보이지 않는 걸까요? 매머드가 살던 당시는 빙하기였는데 기후가 따뜻해지면서 매머드의 주식이었던 작은 이끼류들이 점차 부족해졌고, 이 때문에 멸종에 가까운 환경이 되었다는 게 많은 연구가의 의견이지만 또 하나의 원인으로 꼽는 게 바로 '사람'입니다. 실제로 매머드의 뼈가 발견된 일부 지역에서 전체 골격에서 빠진 뼈들이 많다는 것이 밝혀졌어요. 이는 사람이 매머드를 잡아 음식으로도 먹고, 뼈로는 집을 짓기도 하고, 가죽으로 옷을 만들어 입기도 했다는 증거로 보고 있어요. 매머드는 당시 사람들에게 의식주를 모두 제공해 주는 매우 훌륭한 자원이었던 셈이지요. 학자들 대부분이 사람이 번성하기 시작했던 시기와 매머드가 멸종한 시기가 거의 정확하게 맞다는 이야기를 합니다. 애초에 매머드가 사는 땅에 들어와 생태계를 무너뜨리기 시작한 존재가 사람이었다는 것이지요.

최근 문제가 되고 있는, 사람을 위협하는 '바이러스'는 어쩌면 이 매머드 이야기에서 출발해야 할 것 같다는 생각이 들어요. 사람에게 해가 되는 신종 바이러스의 발생은 사람의 생태계 침입으로 생긴 경우가 대부분이기 때문이지요. 편의나 즐거움을 위해 사람들이 동물이나 식물을 이리저리 옮기고 나누고 바꾸면서 자연스럽게 흐르던 생태계는 흔들리기 시작했고 이 때문에 사람이 원하지 않던 일까지 생기고 만 거예요.

　보통 원래 서식지에 있던 동물들이 다른 생태계로 들어가면 조금씩 변화가 생겨요. 경쟁을 통해 포식자가 바뀌기도 하고 새로운 환경에서 살아남기 위해 몸의 변화를 일으키기 때문이지요. 교란이 생기는 거예요. 이런 교란은 또 다른 생태계 변화를 만들고 점차 균형이 깨지면서 그 영향이 다시 사람에게까지 온답니다.

　기후 변화에도 살아남았던 많은 생물이 멸종하게 된 것은 가장 상위의 포식자 때문이었다고 해요. 그리고 현재 그 가장 상위의 포식자는 바로 '사람'입니다. 사람이 생태계의 적이 되지 않으려면 지금이라도 멈춰야 할 것은 멈춰야 하지 않을까요?

　그러기 위해서는 자연에 많은 관심을 기울이면서 생태계의 변화에 민감해질 필요가 있어요. 생물의 다양성을 인정하고 그들의 생활 환경과 서식지를 훼손하거나 옮기지 않으며, 최대한 사람의 간섭이 없도록 유지하는 게 중요할 거예요.

'사람'은 자연에서의 '최대 포식자'가 아닌 매머드처럼 멸종도 될 수 있는 '생물'이에요. 이를 기억하고 포식자가 누릴 환경에 대해 연구하기보다 생물들의 충돌 및 변화에 대해 조금 더 책임을 가지고 도움을 줘야 하지 않을까요?

 # 진짜 다람쥐

땅에서 더 오래 지낼까, 나무에서 더 오래 지낼까?

　내가 누구게? 그래, 맞아. 난 다람쥐지. 한국에 많이 산다고 '한국다람쥐'라고도 불러. 워낙 비슷해서 시베리아다람쥐라고도 부르던데 종이 약간 달라.

　내가 나무 타기 선수인 건 알고 있지? 왜 나무를 잘 타는지 알려 주지. 바로 이 발톱 덕분이지. 아니, 손톱인가? 아무튼 내 발톱은 바늘처럼 뾰족뾰족해.

　가만, 내가 땅 위에서 더 많이 지낸다는 말을 했던가? 다람쥐가 나무에서만 생활한다고 생각하지 마. 난 땅 위에서 더 바빠. 특히 땅속에 굴을 파는 일은 매우 중요해! 파바박! 아기 방도 만들고, 파바박! 겨울잠 자는 방도 만들고, 파바박! 화장실도 만들고, 파바박! 먹이 저장하는 창고도 만들지.

아 참, 내 먹이 창고에서 싹이 난다는 사람이 있더라? 내가 묻어 놓고 먹이 둔 곳을 까먹어서 싹이 난 거라나? 그건 자잘하게 땅에 묻기 좋아하는 청설모들 이야기고, 나는 한꺼번에 많이, 그리고 깊게 묻기 때문에 잘 잊어버리지 않아. 지하에 1미터 정도 굴을 파서 묻는다고. 그 위는 반드시 잎을 덮어 두고. 너희는 음식이 꽉꽉 들어찬 냉장고가 어디에 있는지 잊어버리니?

내 등에는 줄무늬가 몇 개게? 내가 워낙 재빠르니까 잘 모르겠지? 보통 밝은색 줄무늬가 4개고 어두운색 줄무늬가 5개 정도 된다고.

내 입의 비밀을 알려 줄까?

찍찍! 빽빽! 나도 소리를 낼 줄 알아. 하지만 대부분 위험이나 위협을 느끼면 소리를 내지. 너희처럼 "위험해!", "싫어!"라고 말하는 거야.

내 입이 작아 보이지만 사실 엄청난 주머니야. 쭉쭉 늘어나거든, 쭉쭉! 한 번에 식량 5~8그램 정도를 넣을 수 있어. 최소 셔틀콕 하나 정도 무게라고. 너희 입에는 얼마만큼 음식이 들어가? 나보다 더 많아, 적어?

약한 녀석이 된 다람쥐

귀여우면 이래도 되는 거야?

유럽 사람들이 처음 나를 봤을 때 깜짝 놀랐대. "이렇게 귀여울 수가!" 이러면서. 앞서 이야기했던 것처럼 나 같은 다람쥐는 한국에 많이 살기 때문에 유럽에서는 본 적이 없었던 거야. 알고 봤더니 유럽 대부분의 나라에는 '청설모'라고 부르는 다람쥐가 살았어. 그게 우리가 유럽으로 가게 된 이유였지.

1960년 이후, 우리 다람쥐가 사람이 키울 수 있는 반려동물이 되면서 판매가 시작되었어. 이때 약 20만 마리가 팔렸고, 또 어떤 해에는 약 30만 마리가 팔리기도 하면서 애완용으로 주목을 받았대. 한국산 다람쥐들은 줄무늬가 또렷해서 무척 잘 팔렸지. 한국에서는 외화를 벌기 위해 적극 수출을 권하기도 했대. 하지만 생각해 봐. 우리가 원래 사는 곳은 한국의 야생인데, 갑자기 웬 유럽? 말도 안 통하는 나라로 이민을 보내 버리면 어떡해? 귀여우면 이래도 되는 거야?

10여 년이 지나자 많은 사람이 다람쥐를 잡아 팔아서인지 한국에서 다람쥐 수가 줄기 시작했대. 그래서 사람들은 다람쥐를 덜 잡기 시작했고 1991년에는 다람쥐를 잡는 것 자체가 금지되었대. 게다가 한국이 '워싱턴 협약'이란 것에 가입했다더라고. 협약의 내용을 잘 모르기는 하지만 어쨌든 우리를 더 이상 잡지 않는다고 하니 우리 다람쥐에게는 기쁜 소식이 아닐 수 없었지.

여기서 살라고?

우리는 귀엽기 때문에 유럽에서 살게 되었고, 엄청난 인기도 누렸어. 하지만 우리는 원래 야생에서 살던 애들인데 사람들과 쉽게 섞일 수 있었겠어? 사람에게 문제가 되는 전염병이나 진드기 등을 옮기기까지 했지. 그러다보니 점차 우리만 보면 "와, 예쁘다!" 하던 사람들이 "으 저리 가!"하며 손사래를 치기 시작했대. 라임

병을 옮기는 숙주라나 뭐라나? 오해 마! 사람을 해하려고 병을 품고 다닌 게 아니야. 우리는 아프지 않아서 몰랐던 것뿐이라고.

　벨기에라는 나라에서는 우리를 공원에 풀었는데 20년 후에 난리가 났대. 10마리 남짓하던 다람쥐가 무려 2만 마리가 되었다고 말이야. 우리는 원래 아기를 잘 낳고 잘 키워. 그런데 사람들이 그것도 몰랐던 걸까? 귀엽다고 공원에 풀어 놓고 왜 뒤늦게 놀라?

　더구나 나무 열매는 물론, 이것저것 잡아먹기도 하니까 사람들 입장에서는 문제라고 생각했을지도. 우리 다람쥐는 견과류, 씨앗 외에 개구리, 새, 곤충 등도 마구 먹거든. 사람들은 그런 걸 '잡식성'이라고 하더라? 어쨌거나 사람들에게 문제가 생기니까 우리 다람쥐가 생태계와 먹이 사슬을 어지럽히는 악한 녀석이라나 뭐라나. 우리가 정말 악한 녀석인 거야?

생각해 봐!

새끼도 많이 낳고 식탐도 많고 잡식성이긴 하지만 다람쥐가 우리나라에 있을 때에는 큰 문제가 없었어요. 하지만 왜 유럽에서는 이런 일이 생긴 걸까요?

사실 다람쥐는 야생에서 생태계 먹이 사슬에 중요한 역할을 합니다. 곤충이나 각종 식물의 열매 또는 씨앗을 먹기 때문에 자연스럽게 다른 생물의 개체수를 조절하기도 하고 동시에 다람쥐 역시 천적인 동물들의 먹이도 되기 때문에 생태계를 유지하는 데에 먹이 사슬의 중요한 자리를 차지하고 있지요. 하지만 사람들의 손길이 닿기 시작하면서, 또한 숲과 같은 야생이 아닌 사람과 밀접한 장소인 공원 등에 풀어 놓으면서 문제가 생겼어요. 그러니 우리가 다람쥐에게 정말 '악한 녀석'이라고 말할 수 있을까요?

워싱턴 협약이 뭐야?

1973년, 워싱턴에서 회의가 개최되었어요. 멸종 위기 야생 동물들과 식물들을 구하기 위해서였지요. 정확히는 국제적으로 거래되는 동식물들에 대한 약속을 만든 거예요. 대부분은 멸종 위기에 놓였거나 사람들의 욕심으로 위험할 수 있는 동식물을 보호하기 위해 만든 협약이에요. 워싱턴에서 만들어졌기 때문에 '워싱턴 협약'이라고 부르고 있답니다. 정확한 이름은 '멸종 위기에 처한 야생 동식물의 국제 거래에 관한 협약'이라고 해요. 우리나라는 1993년에 가입했는데, 이때부터 약 천여 종에 이르는 동식물들의 수출이나 반입을 금지하고 있답니다.

진짜 큰입배스

나는야, 이름 부자

하이, 나이스 투 밋 유. 원래 나는 이렇게 인사를 해야 해. 왜냐하면 내 고향은 미국이니까. 북아메리카! 다들 나를 '배스(bass)'라고도 줄여 부르는데, 내 친척들이 많아서 그래. '배스'라고 불리는 물고기는 무려 75종이나 되거든. 그중에서도 입이 가장 큰 나는 '큰입배스(largemouth bass)'라고 불리지. 한국에서는 '큰입우럭'이라고 나를 부르기도 해. 하지만 나는 아메리카에서 왔잖아? 큰입우럭보다는 '라지마우스배스'라는 이름이 더 익숙하다고.

아, 그런데 내 또 다른 이름이 '블랙배스'인 거 알아? '블랙'이 '까맣다'는 뜻이니까 그렇게 부르는 줄 알았는데 그게 아니라 '지저분하다, 추하다'라는 뜻으로 부르기도 한다더라? 더러운 물에서도 막 사니까 그러나 봐. 맑은 물에서만 산다는 '무지개송어'처럼 늪에 살면서 '무지개배스'라고 불리는 것도 괜찮을 것 같은데 어때? 어울리지 않아?

여기저기, 한국은 참 살기 좋더군!

내 성격은 전혀 까다롭지 않아. 물만 있으면 다 좋아. 다른 말로는 '환경 적응력이 좋다'고 하지. 까다로운 물고기들은 물의 온도에도 많은 영향을 받는다던데, 나는 10도 이하의 물에서도 살고 27도 이상의 물에서도 살 수 있어. 물에 산소가 많든 적든 그것도 상관하지 않지. 숨 좀 헐떡이면 어때? 또 물의 흐름이 세거나 반대로 세지 않아도 돼. 그러니 저수지는 물론 강에서도 살 수 있다고. 수로처럼 좀 더러운 물에서도, 소금기가 조금 있는 물에서도 크게 영향을 받지 않고 잘살 수 있어. 다시 한 번 말하지만 난 '물'만 있으면 살 수 있는 진짜 물고기인 셈이지!

난 물고기 중에서도 대표적인 육식성 물고기야. 물에 떠다니는 각종 벌레나 치어, 지렁이는 물론, 다른 물고기들도 잡

아먹어. 내 입에 들어오기만 하면 어떤 생물이든 다 삼킬 수 있거든. 꿀꺽! 나는 아래턱을 위턱보다 길게 내뺄 수 있어서 입을 더 크게 벌릴 수 있어.

내가 보통 30센티미터 정도까지 크거든? 난 아주 작은 새끼 때는 동물성 플랑크톤과 작은 갑각류를 먹지만, 몸이 크면 다른 물고기나 새끼 큰입배스도 잡아먹어. 식욕 무시무시하지?

약한 녀석이 된 큰입배스

잘 적응한 게 문제야?

우리 큰입배스가 한국으로 들어오게 된 건 1973년이었어. 당시에는 강이나 호수, 늪에 살 수 있는 물고기들을 많이 만들고 싶어서 우리를 수입했대. 국민의 식생활 개선을 위해 단백질 공급원이 될 수 있다고 생각해서 양식용으로 가치가 있는지 따져 보기 위해서였지.

그렇게 처음에는 우리 큰입배스를 가두리에 가둬서 양식하다가 1975년 경기도 가평에서 시험적으로 강에 풀었고 1976년에는 팔당호에 풀었지. 좁은 곳에 갇혀 있다가 나왔으니 너희라도 신나지 않겠어? 우린 전국을 마구마구 돌아다녔지. 아까도 말했듯이 우리 큰입배스는 어느 물에서든 살 수 있으니까!

대부분 외국에서 생명체가 들어오면 잘살지 못한대. 원래 살던 곳과는 다른, 새로운 곳에서의 생활은 적응하기 쉽지 않은 법이니까.

하지만 우리 큰입배스가 적응력 하나는 끝내주잖아? 게다가 한국의 민물에는 맛있는 게 얼마나 많은지! 물속에서 사는 곤충들은 물론 개구리 같은 양서류, 갑각류나 파충류, 다른 물고기들까지, 정말 먹거리가 다양했지. 뷔페라도 온 듯 우리는 아주 맛있게 잡아먹었어.

자유롭게 살라고 풀어놨으니 열심히 살아야 하잖아? 그

래서 알도 부지런히 많이 낳았지. 우리 큰입배스는 한 번에 알을 3,000~6,000개 낳거든. 게다가 보통 15년 정도를 사니, 점점 식구가 늘고 친구도 늘었지. 그런데 이제는 우리 큰입배스가 전국 곳곳에 너무 많아서 문제라고 하더라? 잘 적응한 게 문제라니!

한국은 아니지만 과테말라라는 나라에서는 우리 때문에 아티틀란논병아리가 멸종되었다는 소식을 들었어. 우리가 아티틀란논병아리들의 먹이를 싹 다 먹어 치워 버렸거든. 우리도 고향 아닌 곳에서 열심히 적응했어. 그런데 아티틀란논병아리가 멸종된

걸 왜 우리 탓이라고 해?

사람들의 입맛에 맞추라고?

어쩌면 우리는 계속해서 양식장에 갇혀 살 수도 있었을 거야. 초기에는 농어촌의 소득을 위해 한국에 수입되었던 거니까. 우리가 처음 들어올 때 어린 큰입배스, 그러니까 치어 500마리를 미국에서 공수하여 양식이 이뤄졌다고 하거든. 하지만 워낙 낯선 물고기이기도 하고 잡아서 먹을 때 한국의 음식과는 맞지 않아서 점차 양식 사업이 잘되지 않았다고 해.

원래 우리 큰입배스는 공격력이 강한 편이야. 어쩔 수 없잖아? 사자가 풀만 뜯어먹을 수 있겠냐고. 그러다 보니 한국의 토종 물고기들을 잡아먹게 되었지. 그런데 한국의 토종 물고기 중에는 우리를 공격할 만한, 그러니까 우리를 잡아먹을 만한 녀석이 없었어. 그렇게 자연스럽게 강의 왕이 되었더니, 2019년에는 '유입주의 생물'로 지정하더라?

지금 우리의 가장 큰 적은 사람이야. '큰입배스 낚시 대회' 같은 것을 열기도 하고 작살로 잡기도 하니까. 게다가 우리가 알을 낳을 만한 장소를 미리 만들어서 그곳에 알을 낳으면 일부러 부화하지 못하게 없애기도 한대. 가끔은 한국 토종 물고기 중 가물치나 쏘가리, 칠성장어 같은, 우리와 맞대결이 가능할 만한 녀석들을 우리가 있는 곳에 일부러 풀어놓기도 하고. 사람들의 입맛을 위해 한국에 왔는데, 사람들의 입맛을 위해 다시 죽어야 하는 거야?

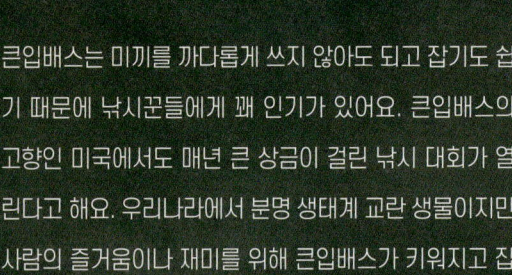

생각해 봐!

큰입배스는 미끼를 까다롭게 쓰지 않아도 되고 잡기도 쉽기 때문에 낚시꾼들에게 꽤 인기가 있어요. 큰입배스의 고향인 미국에서도 매년 큰 상금이 걸린 낚시 대회가 열린다고 해요. 우리나라에서 분명 생태계 교란 생물이지만 사람의 즐거움이나 재미를 위해 큰입배스가 키워지고 잡혀야 한다면 어떤 생각이 드나요?

경기도 의왕에 있는 왕송호라는 호수에서는 큰입배스가 거의 보이지 않고 우리 토종 물고기들이 더 많이 살고 있어요. 왕송호는 낚시가 금지되면서 동시에 철새 보호 구역이 되었어요. 때문에 청둥오리, 기러기, 백로 등 많은 새들이 찾아와서 자연스럽게 큰입배스의 천적이 늘어난 것이랍니다. 어쩌면 사람들이 큰입배스를 일부러 수입하지 않고 또 양식해서 늘리지 않았다면 큰입배스가 '생태계 교란 생물'이라는 말을 듣지 않을 수도 있었을까요?

말풍선: 유입주의 생물이 뭐야?

우리나라에 들어올 경우 생태계에 위험을 줄 수 있는 외래 생물을 말해요. 국내로 들어오면 생태계에 위해를 가할 수 있는 우려가 있는 생물을 환경부 장관이 지정하고 알리는 종이지요. 지금까지 유입주의 생물은 200여 종이 선정되어 있고 큰입배스도 포함되어 있어요. 이런 생물은 수입할 때 규제를 하며, 만약 어떠한 이유로 수입을 하고자 한다면 지방 환경청장에게 승인을 받아야 해요. 보통 3급으로 나뉘는데, 1급은 생태계 교란에 대해 매우 우려가 큰 생물로, 조절 및 제거 관리가 필요한 등급(생태계 교란 생물)이고, 2급은 생태계 위해성은 보통이나 나중에 높아질 가능성이 있어서 지속적으로 관찰이 필요한 등급(생태계 위해 우려 생물)이며, 3급은 위해성이 낮아 별도의 관리가 요구되지 않는 등급(유입주의 생물에서 제외)이랍니다.

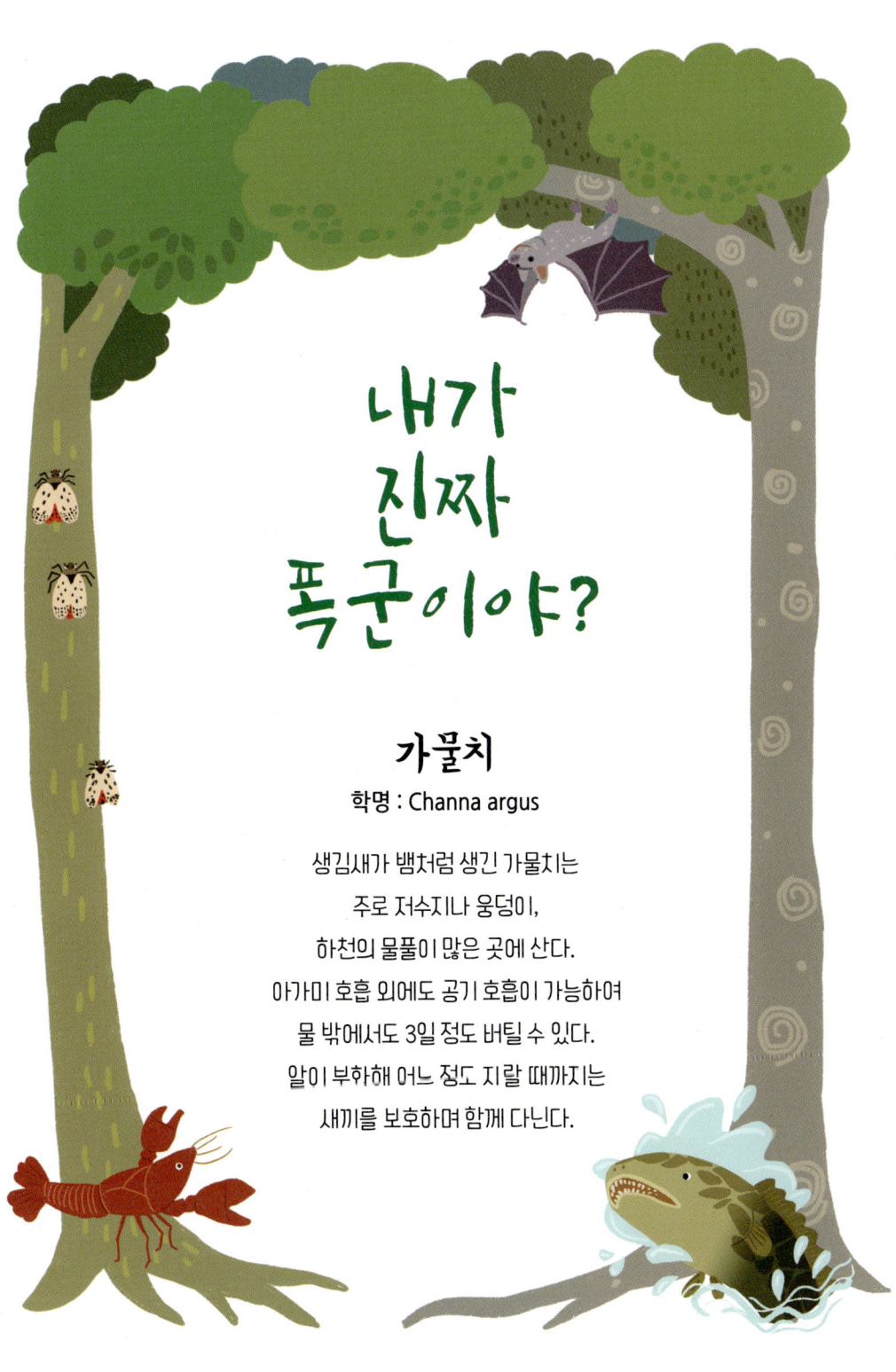

진짜 가물치

'힘!' 하면 바로 나!

안녕! 나는 한국의 터줏대감 가물치야. 내 몸 보여? 뱀 같다고? 인정! 내 머리와 몸통에 반점 무늬가 있으니까. 게다가 엄청 크다고? 맞아, 나는 보통 50~70센티미터 정도 자라는데, 정말 잘 자라면 1미터가 넘기도 해. 4~5세 아이의 키 정도 된다고나 할까? 괴물 같다고? 강한 내 턱 때문에 그러는가 본데, 난 턱만 강한 게 아니야. 이빨도 엄청 날카롭지! 덕분에 내 영역에 침범하는 녀석은 살아남기 힘들어. 가끔 사람들이 나를 기력 회복에 좋다고 잡아가는데 조심하는 게 좋을걸? 난 사람도

공격하니까!

  물고기니까 아가미로 물에서만 숨쉴 수 있다고 생각하지? 나는 '라비린스 호흡'이라는 공기 호흡도 할 수 있어. 몸에 미로 기관(labyrinth organ) 혹은 상새 기관이라고도 부르는 보조 기관이 있거든. 그래서 엄청 오염된 물이나 진흙, 물풀이 많은 곳, 산소가 없는 물에서도 살 수 있어. 물론 내 얼굴을 잘 보면 눈과 눈 사이에 두 구멍이 있어서 혹시 콧구멍 아니냐고, 그 구멍으로 숨쉬는 거 아니냐고 물어볼 수도 있어. 하지만 그 구멍들로 숨쉬기보다는 아가미 가까운 보조 기관으로 숨을 쉬고 있는 게 맞아. 어쨌든 이 보조 기관으로 나는 물의 온도가 높아져도 공기로 호흡하면서 잘 지낼 수 있고, 땅 위에서도 3일 정도 버틸 수 있지. 가끔 내가 살던 곳이 마음에 들지 않으면 물의 수위가 높아졌을 때 이쪽 웅덩이에서 저쪽 웅덩이로, 물 밖으로 기어 나가서 이사를 가기도 해. 그만큼 내 근육이 발달되어 있고 피부가 두껍다는 증거 아니겠어? 하하!

내가 주인공인 이야기가 참 많아!

아무래도 내가 워낙 매력적이기 때문인지 사람들은 나와 관련된 많은 이야기를 만들었대. 겨울잠 자는 물고기 봤어? 그게 바로 나야. 보통 뻘 속이나 빽빽한 물풀 등 숨기 좋은 곳에 몸을 묻은 채 잠을 자지. 이런 특징들이 뱀이랑 비슷해 보여서인지, 내가 '오래 묵은 뱀이 변한 물고기'라는 전설이 있더군. 내 아가미의 반점을 보고 하늘의 북두칠성을 나타내는 거라며 밤이면 머리를 북극성으로 향한 채 정기를 빨아들인다는 이야기도 있다고 해. 사람들은 생물들의 이야기를 참 잘 만드는 것 같아.

중국이나 일본에도 나에 대한 전설이 참 많지. 중국에서는 나를 '예어(鱧魚)'라고도 해. '가물치 예' 자를 쓰기는 했지만 '예의'의 예를 갖춘 물고기라는 의미를 담기도 했대. 내가 예의가 있다는 뜻이라기보다는 사람들의 각종 질병에 이로운 음식이 되는 물고기라 그렇게 이름을 지은 거라나? 가물치의 쓸개가 다른 물고기들의 것보다 달다고 해서 '예(醴:달다 예)'를 뜻하기도 한다는 말도 있고.

인도나 미얀마 같은 곳에서는 죄인이 가물치로 환생한 거

라는 말이 있다고 해. 그래서 우리 가물치를 절대로 잡아먹지 않는다고 하지. 그 이야기야말로 무시무시한 내 모습과 걸맞은 이야기인 것 같아서 참 마음에 들어, 하하하!

악한 녀석이 된 가물치

내가 '뱀 머리'라고?

영어권에서는 나를 '스네이크 헤드(Snakehead)'라고 부르더라? 맞아, '뱀 머리'라는 뜻이지. 실제로 나를 처음 본 미국인들이 내 모습을 보고 육지에 사는 뱀만큼 사납고 먹성이 좋다고 해서 '스네이크 헤드'라고 이름 붙였어. 때로는 '프랑켄피쉬'나 '피쉬질라' 등 영화 속 괴물 캐릭터의 이름을 붙이기도 했고. 최근에는 핼러윈 때 우리가 핼러윈 괴물로 소개되기도 했대. 사람도 잡아먹는 공포의 괴물로 표현한 건데 우리가 미국에서는 이름만큼 무서워 보이나 봐. 하지만 우리가 사람을 잡아먹는 건 아니니 너무 걱정 마. 뭐, 가끔은 작은 쥐는 잡아먹긴 하지만. 하하하!

어때? 내가 좀 매력적이지? 워낙 특이한 점이 많다 보니 같이 살자며 나를 데려가려는 외국인들도 점차 많아지더라? '마니아' 층도 따로 생길 정도로. 어떤 사람들은 우리 가물치가 살고 있는 강으로 찾아와서 우리를 낚으려고 했어. 워낙 몸집이 크고 힘도 좋아서 낚시할 때 손맛도 최고라나 뭐라나? 어쨌거나 이래저래 사람들의 '뽐내기'에 나 가물치가 자리를 잡기 시작한 거지!

그런데 한국이나 아시아 등지에서 살던 우리가 미국에 어떻게 가게 된 줄 알아? 날아서 간 건 아니고 아시아계 이민자들이 우리 가물치를 쉽게 잡아먹으려고 상불에 방사했다는 말이 설득력을 얻고 있어. 그런데 미국에서는 한국산 가물치가 미국의

토종어인 큰입배스도 잡아먹고 다른 생물들도 잡아먹어서 문제래. 한국에 살았을 때에는 다른 물고기들이 워낙 나의 습성에 대해 잘 알고 있으니까 잘 피해 다니고 그랬는데, 외국 물고기들은 나에 대해 잘 몰라서 자꾸 잡아먹히는 걸 나보고 어떡하라는 거지?

내가 진짜 폭군이야?

우리 가물치들은 알을 낳으면 새끼가 어느 정도 자랄 때까지 보호하면서 함께 살아. 때문에 새끼들이 위협당하거나 공격당하는 일이 매우 적어. 그런데 식구가 늘어나면 먹을 것도 많아야 하잖아? 그래서 마구 잡아먹었던 거야. 넓은 데다가 물고기도 많아서 잘 먹었더니, 한국에서는 1미터 정도 크면 잘 큰 거였지만 미국에서는 2미터까지 크기도 했어. 나중에 알게 된 건데, 우리를 상대할 만한 녀석이 없어서 우리가 마치 '폭군'처럼 되어 있더라고. 미국 포토맥 강이라는 곳에서는 우리 가물치들이 너무 토종 물고기를 잡아먹으니까 아직도 우리를 막으려고 애쓰고 있대.

일본에서도 우리는 생태계를 해치는 물고기 취급을 받아.

제2차 세계 대전 때 바다에서 낚시하기가 힘들어지자 회를 좋아하는 일본인들이 우리를 한국에서 많이 수입해 갔어. 그 과정에서 일부가 야생으로 풀려난 게 문제가 되었다고 해. 우리 가물치가 물속에서 쏘는 폭탄인 '어뢰'를 닮았다고 '뇌어'라고 부르기도 하며 좋아하더니 왜 지금 와서는 폭군이야? 내가 정말 그래?

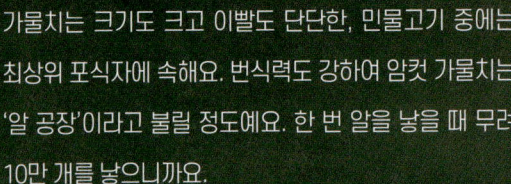

가물치는 크기도 크고 이빨도 단단한, 민물고기 중에는 최상위 포식자에 속해요. 번식력도 강하여 암컷 가물치는 '알 공장'이라고 불릴 정도예요. 한 번 알을 낳을 때 무려 10만 개를 낳으니까요.

가물치가 우리나라에만 있을 때에는 큰 문제가 되지 않았어요. 더러운 물에서도 잘살고 같은 가물치를 잡아먹을 만큼 성질이 포악하다는 걸 알고 있었거든요.

하지만 그저 멋있다고, 음식으로 쓰겠다고 가물치를 이곳저곳 외국에서 수입하거나 몰래 들여가 강에 풀어놓은 것이 그 나라의 생태계에 아주 큰 영향을 끼친 것이에요.

현재는 가물치가 너무 잘 적응하여 완전히 다 잡기는 힘들다고 해요. 앞서 나왔던 큰입배스가 우리나라에서 생태계 교란 생물이라면, 가물치는 미국에서 생태계 교란 생물이 되었어요. 어떤 자연에서 사느냐에 따라 교란 생물도 달라지다니, 어떤 생각이 드나요?

귀화 동물이 뭐야?

원래 있던 서식지와는 다른 곳(자연)으로 이동하여 그곳에 정착한 동물을 말해요. 보통의 경우, 외래 동물이 들어오면 대부분 자연환경에 적응하지 못하고 개체수가 줄거나 하며 잘살지 못하는데 어떤 동물은 큰 문제 없이 정착하여 번식도 하고 잘살거든요. 그 동물들이 잘 적응하여 새로운 곳에 정착을 했기 때문에 '귀화 동물'이라고 한답니다.

이렇게 귀화 동물이 생기게 되는 이유는 바람이나 해류 등의 자연적인 이유도 있지만, 대부분은 사람에 의해 인위적으로 들어온 경우예요. 이주한 장소의 기후나 경쟁 생물의 유무는 귀화 생물이 될지, 되지 못할지 결정적인 요인이 됩니다. 하지만 일반적으로 이주 정착한 동물은 천적이 없는 경우가 많아서 원래 있던 서식지에서보다 급속도로 개체수가 늘어나는 경우가 많아요. 그래서 심각한 생태계 문제를 일으키지요.

 진짜 박쥐

내 건강의 비밀?

나를 보면 무슨 생각이 가장 먼저 떠오르니? 동물의 피를 빨아먹는 모습? 밤하늘을 파닥이며 재빠르게 나는 모습? 동굴에 바글바글 모여 붙어 있는 모습? 모두 맞긴 하지만 나에게 그런 모습만 있는 건 아니야. 나 같은 박쥐는 지구상에 무려 1,000종이 넘거든! 그중 피를 빨아먹는 흡혈박쥐는 몇 종 되지 않아. 대부분 모기, 나방 같은 해충이나 달달한 과일을 먹으면서 살지. 사람들이 간혹 나를 병충해 지킴이라고 부르는 건 내가 해충을 먹기 때문이래. 살아 있는 살충제라나?

우리 박쥐는 매우 건강해. 그렇게 타고났기도 했지만 마라

톤처럼 장거리 비행을 하며 몸을 단련하기 때문이지. 헛둘헛둘! 나는 쉬지 않고 무려 350킬로미터나 날 수 있어. 이렇게 열심히 날갯짓을 하면 내 몸의 온도가 올라가서 질병에 걸리지 않게 면역이 되는 거라고. 너희가 아플 때 몸에 들어온 병균을 이겨 내기 위하여 열이 나는 이유와 비슷하지. 그리고 내 몸에서는 특수한 단백질이 나오는데 그것이 지속적으로 만들어지기 때문에 나는 감염에 강한 거야. 너희가 예방 주사

를 맞는 것처럼 내 몸은 알아서 보호되고 있는 거지. 운동과 보호막! 그게 내 건강의 비밀이라고!

내 똥, 치우지 마!

 쿨쿨, 냠냠. 나는 잘 때에도, 먹을 때에도 거꾸로 매달려 있어. 이게 제일 편해. 그런데 내가 똑바로 매달려야 할 때가 있어. 언제냐고? 바로 배설을 할 때야. 오줌이나 똥을 쌀 때 매달려서 싸면 얼굴에 맞을 수도 있지 않겠어? 차츰차츰 쌓인 내 배설물을 '구아노'라고 하는데 좁은 동굴에서 냄새나게 왜 똥을 싸냐고 하면 큰 실수야. 내 배설물은 냄새가 안 날뿐더러, 동굴에 사는 생물들에게 없어서는 안 되는 중요한 역할을 하거든. 캄캄하고 습한 동굴에서도 생명들은 살고 있어.

나사조개나 동굴뱀, 온갖 벌레 등 꽤 다양하지. 구아노는 영양분과 유기물이 풍부하여 이런 생명들에게 훌륭한 먹이가 돼. 우리 박쥐들이 있는 동굴이야말로 작은 생태계가 있는 곳이라는 증거가 되는 거라고.

악한 녀석이 된 박쥐

내가 이리 붙었다, 저리 붙었다 한다고?

나보고 자꾸 마녀의 상징이니, 드라큘라니 하던데 사실 좀 억울해. 나는 그저 깜깜한 게 좋고 집이 동굴인 것 뿐이라고. 새끼를 낳으면 누구의 새끼든 서로 사이좋게 먹이를 먹일 만큼 마음씨도 예쁘단 말이지.

'이리 붙었다, 저리 붙었다 하는 박쥐 같은 녀석'이라는 말도 있던데 그건 내가 날아다니는 새 같기도 하고 새끼를 낳으니까 포유동물 같기도 해서 붙여진 말 같더라? 하지만 난 그냥 박쥐일 뿐이야.

내가 바이러스 전파자라고?

사람에게 일부 바이러스는 매우 좋지 않다고 들었어. 그런데 뭐? 내가 그 바이러스를 퍼뜨린다고? 사실 포유류 동물 중 우리 박쥐가 가장 많은 바이러스를 지니고 있기는 해. 200개 가까이 되니까. 다행히도 난 전혀 질병에 걸리지 않아. 하지만 내 바이러스가 옮을 수 있는 다른 생물이 내 옆에 가까이

오는 건 좀 위험하겠지.

박쥐가 사람에게 옮긴 최초의 바이러스가 뭔지 알아? 바로 흡혈박쥐가 옮겼다고 하는 '광견병'이야. 뇌나 신경에 문제를 일으키는 병이지. 주로 동물에게 발생하지만 광견병이 있는 동물에게 물리면 바이러스가 전염이 되기도 해.

2003년에 홍콩에서 제일 처음 발생한 '사스'라는 질병은 매우 위험했다고 해. 그 후 생긴 '메르스'도 마찬가지고. 모두 사람에게 감기와 비슷한 증상을 일으켰다고 하던데, 내 바이러스가 다른 동물의 바이러스와 만나서 인간에게 옮겨졌기 때문이라고 의심받고 있지. 보통 사람에게 유해한 바이러스는 이렇게 새로 합쳐지고 뒤섞이면서 생기는 거야.

그런데 잘 봐 봐. 몇몇 나라에서는 야생 동물을 사냥해서 시장에 팔기도 해. 우리 박쥐도 마찬가지야. 이 과정에서 서로 지니고 있던 바이러스가 만나 사람에게 위험한 신종 바이러스가 만들어지는 거지. 내가 괜히 동굴에서만 산 게 아니었다고. 그러니까 나 때문에 바이러스가 퍼졌다고 하기에는 내가 좀 억울하지 않겠어?

생각해 봐!

2019년에 발생한 '코로나19'라고 불리는 신종 바이러스도 사스나 메르스와 마찬가지로 박쥐 바이러스와 밍크 혹은 대나무쥐의 것이 섞여 만들어졌을 거라는 분석이 있어요. 박쥐는 개체수도 많고 30년 이상이나 살 수 있는 동물이에요. 게다가 집단생활을 하니, 바이러스가 쉽고 빨리 퍼지는 것은 이상한 일도 아니지요. 워낙 다양하고 많은 바이러스를 지니고 있다 보니 존재 자체를 없애야 한다는 주장도 있는데, 사실 박쥐는 해충을 먹을 뿐만 아니라 꿀벌처럼 식물 번식에도 도움을 주기 때문에 제거하면 오히려 생태계에 좋지 않은 영향을 줄 것이라 예상한답니다. 사람이 야생에 들어가서 먹을거리로 생물을 구해 오지 않았다면 어땠을까요? 사람들은 신종 바이러스와 싸우기 위해 기술과 의학, 신약 등을 개발하고 발전시키며 하루하루를 살아갑니다. 과연 오직 사람의 지식과 노력으로만 신종 바이러스의 출현을 막을 수 있을까요?

바이러스가 뭐야?

'바이러스는 무엇이다'라고 한마디로 정의하기 힘들 만큼 복잡하고 매우 작은 입자를 뜻해요. 세포, 세균보다도 작지요. 바이러스가 가만히 있을 때에는 별 문제가 발생하지 않아요. 스스로 옮겨다닐 수도 없고 많아질 수도 없고 모습을 바꿀 수도 없기 때문이에요. 하지만 바이러스가 생물의 세포와 만나게 되면 그때부터 감염이 일어납니다. 그렇다고 해서 세상의 모든 바이러스가 사람에게 해를 가하는 건 아니에요. 사람을 감염시키지 못하는 바이러스도 있거든요. 어쨌든, 바이러스가 사람의 세포와 만나 감염이 이뤄지면 그때부터 급속도로 증가하며 세포를 망가뜨려 몸이 아프거나 열이 난답니다. 또한 다른 사람에게 전염도 시키고 변이도 일으키는 거지요. 동물에게도 마찬가지고요. 이렇게 동물이 동물에게, 또 동물이 사람에게 바이러스를 퍼뜨릴 수 있게 되는 거예요.

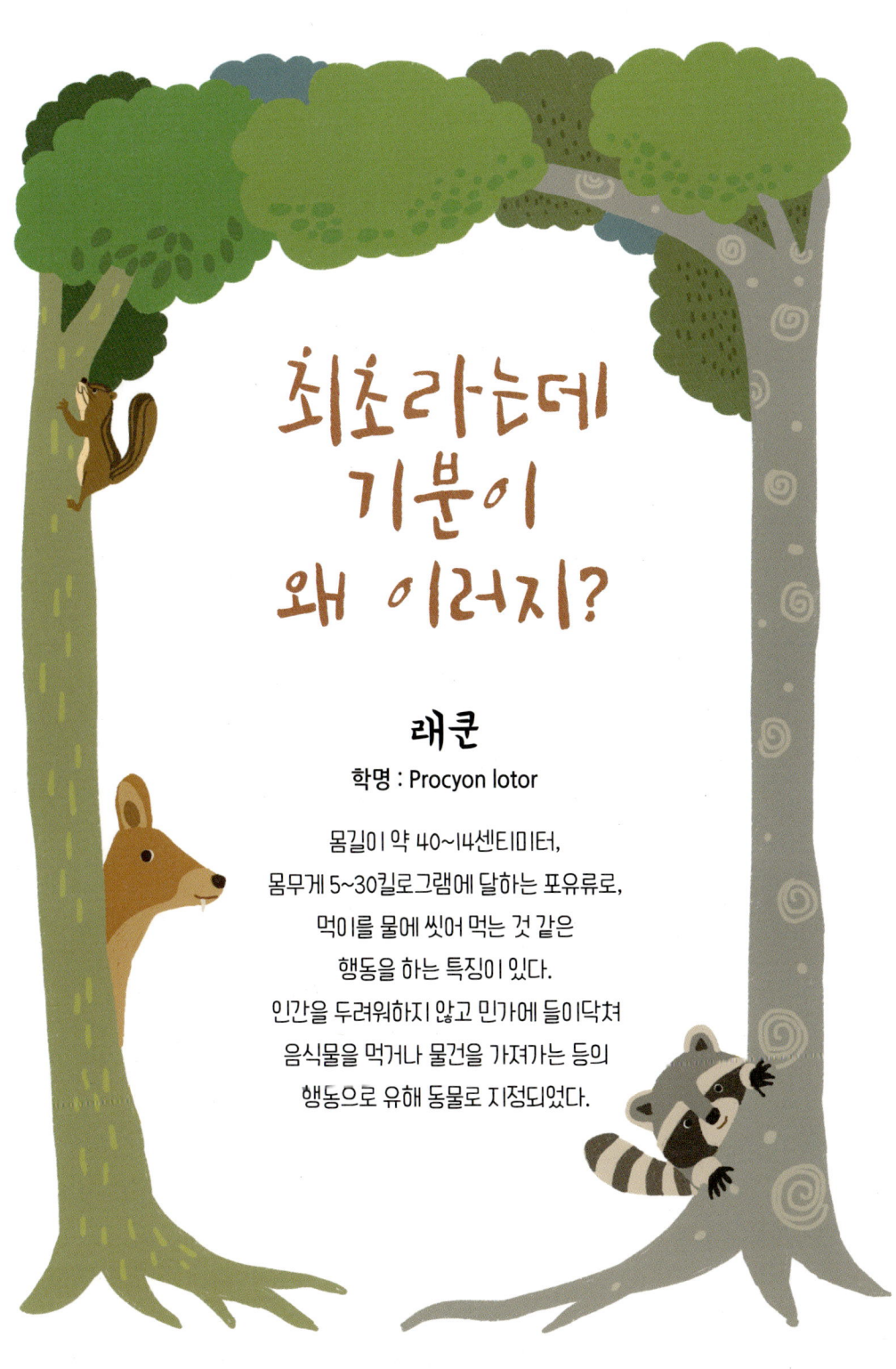

진짜 래쿤

나더러 너구리라고?

안녕, 나는 래쿤이라고 해. 뭐? 너구리 아니냐고? 그래, 뭐 모습과 크기는 굉장히 비슷하지. 하지만 난 너구리가 아니라 그냥 '래쿤'이야. 너구리 같다고? 래쿤이라니까 그러네! 뭐 하긴. 영어권에서 너구리를 '래쿤 도그(raccoon dog)'라고 부르는데 래쿤을 닮은 개라는 뜻으로 풀 수 있으니 우리 둘이 닮긴 닮았나 봐.

너구리인지 래쿤인지 구분하는 방법 알려 줄까? 우선 꼬리를 봐 봐! 내 꼬리는 너구리와는 달리 이렇게 줄무늬가 있어. 또? 너구리는 겨울잠을 자지만 나는 그냥 바위틈이나 땅굴에서 겨울을 보낼 뿐 겨울잠은 자지 않아. 또? 너구리들은 통통해서 움직임이 느린 편이지만 나는 엄청 재빨라. 또? 너구리는 앞발이 그냥 개의 발처럼 생겼지만 나는 앞발가락이 상당히 길어서 사람 손처럼 꼬물꼬물 움직일 수가 있지. 어때? 이 정도면 너구리와 구별이 되지?

나는야 낚시꾼!

낚시해 봤어? 난 엄청 잘해! 낚시꾼이지. 낚싯대가 어디 있냐고? 바로 내 앞발이 낚싯대야. 얕은 물에서 앞발을 물속으로 집어넣고 먹이를 기다리는 거지. 계속 기다리고, 기다리고, 기다려. 낚시는 원래 기다림이라고. 그러다가 물고기나 가재 등이 앞발가락을 건드리는 순간 확, 재빨리 낚아채는 거야! 원래 '래쿤'은 인디언들 말로 '냄새를 찾는 손'이라고 해.

어때? 내 앞발가락이 먹이의 냄새를 찾는 것 같지 않아? 나랑 딱 어울린다고 할 수 있지.

이런 본성이 있어서인지 나는 먹이가 생기면 일단 물에 넣고 보는 습관이 있어. 사람들은 그것을 보고 '씻어 먹는다'고 하는데 씻는다기보다 그냥 본성으로 튀어나오는 행동이야. 나는 원래 작은 강이나 호수에서 물고기를 잡아먹으면서 살거든. 그렇다고 내가 물고기만 먹는 건 아니야. 곤충도 잡아먹고 옥수수나 견과류, 포도, 수박 등 열매도 먹을 줄 알아. 맞아, 난 뭐든 먹는 잡식성이야.

약한 녀석이 된 래쿤

'쓰레기 판다'라고 불리게 된 사연?

북아메리카에서는 사람들이 나를 보고 '쓰레기 판다'라고 부르기도 해. 멋진 '래쿤'이라는 이름을 두고 판다라니. 게다가 쓰레기라니! 우리 래쿤들이 사람 사는 곳을 자주 헤집어 놔서 그린 별명이 붙은 거래. 미국의 경우 대도시를 제외하면 대부분 넓은 자연이 펼쳐져 있어. 때문에 우리가 잘살 수 있는 환경도 많다고 볼 수 있지. 그런데 사람들이 그곳에 집을 짓고 마당도 만들었으니 내가 가끔은 들어가 볼 수도 있는 거 아니겠어? 자주 봐서인지 나는 사람을 별로 무서워하지 않거든! 등산 오는 사람들의 가방을 가져오거나 사람들이 우글거리는 캠핑장에 들어가 먹이를 구해 오기도 하지. 가끔 사람들 집 지붕을 뚫고 들어가 보기도 하는데 먹을 것을 찾아보는 것뿐이야. 사람이 있는 곳에는 분명 먹을 게 있잖아. 아, 물론 우리 래쿤들이 궁금증도 많고 장난도 워낙 좋아하기도 하고. 그래도 엉망으로 만들려고 그러는 건 아니야.

나를 보고 그걸 떠올리는 사람이 많더라. 그거 말이야, 모피! 말만 들어도 후덜덜……. 아, 이빨 떨려. 내 털이 워낙 부드럽다보니 사람들이 우리를 잡아다가 모피로 만들거든. 모피가 되려고 사육될 수는 없으니 때로는 도망도 쳤지. 그런데 이 일로 독일에서는 우리가 악한 녀석이 되어 버렸지. 왜냐하면 그렇게 도망 나와서 우리 래쿤이 주변 포도밭을 다 헤집어 놨기 때문이야. 살기 위해 도망쳤고 먹을 것이 있어서 먹었을 뿐인데 사람들은 우리 래쿤들 때문에 포도주를 만들기 힘들어졌다는 둥 피해가 심해졌다는 둥 하더라?

일본에서도 악당 취급이야. 우리가 귀엽다고 애완동물로 삼았다가 생각보다 키우기 힘드니까 야생으로 풀어 준 일들이 있었어. 그 뒤 우리는 농작물을 뒤지는 것은 물론, 그곳에 살던 토착 야생 동물들도 먹어 치웠어. 그곳이 우리의 천적인 늑대나 악어 같은 녀석들이 많은 곳이었다면 좀 달랐겠지만.

뭐 이런 걸 최초로 지정했어?

우리 래쿤의 인기가 한국에서도 점점 높아져서 래쿤 카페도 있고 그렇더군. 그런데 뭐? '생태계 위해 우려 생물'에 우리 래쿤이 최초로 지정되었다고? 2020년 6월에 지정된 1호 동물이라면서. 아무래도 우리의 인기가 높아지니까 다른 나라들처럼 피해를 당할까 걱정스러웠나 보지? 물론 우리가 전염병인 광견병 바이러스의 감염원이 되기도 한다니 그럴지도 모르겠지만 야생에 우리를 풀어놓는 건 사람들이잖아. 우리를 한국으로 무분별하게 들여온 것도 사람들이고. 그런 사람들을 막기 위해 생긴 법이라지만 기분은 좋지 않아. 위해 우리 생물이라니까 말이야. 대체 내가 잘못한 게 뭐야?

생각해 봐!

외국의 생물이 우리나라에 들어오면 우리나라 생태계에 문제가 생길 수 있다는 점을 늘 염두에 두어야 해요. 그럼에도 불구하고 무분별하게 귀엽다는 이유로, 특별하다는 이유로, 사람에게 필요하다며 별다른 절차 없이 들여올 때가 많답니다. 관련 법률이 허술하기 때문이에요. 이렇게 들여온 생물을 이런저런 핑계로 야생에 그냥 풀어 버리면 그때부터 우리 생태계는 흔들리게 됩니다.

래쿤도 마찬가지예요. '생태계 위해 우려 생물'은 대부분 야생에서 잡히면 죽어야만 하는 운명이에요. 보호소가 따로 있지 않고, 다시 자연으로 돌아가게 될 경우 생태계에 좋지 않은 영향을 줄 수 있기 때문이지요. 실제로 현재 래쿤을 위한 보호소는 없어요. 어떻게 해야 이런 동물과 함께 살아갈 수 있을까요?

생태계 위해 우려 생물이 뭐야?

우리나라에서 살게 될 경우 다른 생물이나 사람에게 안 좋은 영향을 미칠 수 있다고 판단하여 관리하는 생물들을 말해요. 유입주의 생물 단계에서 생태계 위해성 평가에 따라 정해진 생물이지요. 2019년 10월에 관련 법률이 만들어지면서 '생태계 위해 우려 생물' 관리 제도가 만들어졌지요. 이 제도에 따라 가장 먼저 지정된 것이 '래쿤'이었어요. 관리를 위하여 생태계에 미칠 영향이 큰 생물을 평가하는데 래쿤이 '2급' 판정을 받았답니다.

고작 만 원짜리 라고?

뉴트리아
학명 : Myocastor coypus

한국에서 '괴물 쥐'라고도 불리는 뉴트리아는
꼬리까지의 몸길이가 최대 1미터에 이르고
몸무게도 10킬로그램에 육박한다.
주황색 앞니로 식물의 잎이나 뿌리를 먹고산다.
몸의 털은 물을 튕겨 내고,
발가락에는 물갈퀴도 있어 헤엄도 곧잘 친다.

진짜 뉴트리아

내 목소리 들어 본 사람?

안녕? 나는 남아메리카에서 온 뉴트리아야. 남아메리카가 어디냐고? 아르헨티나, 브라질, 칠레가 있는 지역이지. 너희가 사는 곳과는 꽤 먼 데다가 좀 더운 곳이야. 내가 누구랑 닮은 것 같다고? 쥐? 비버? 수달? 한국에서는 나를 '대형 쥐' 또는 '괴물 쥐'라고 부르던데 그렇게 보이나 보지? 그래서인지 내가 마치 쥐처럼 "찍찍!" 이런 작은 소리를 낼 거라고 생각할지도 모르겠다. 하지만 나는 그런 앙증맞은 소리는 내지 않아. 나는 이렇게 소리내. "꾸부-우우우" 나름 특이하고 특별하지 않니? 근처에 있던 생물들이 놀랄 정도로 소리를 크게 내는 편이야.

　내가 '괴물 쥐'라고 불리는 이유는 아마 거대한 몸집 때문일 거야. 보통 나는 몸길이가 60센티미터 정도 되고 꼬리까지 합치면 1미터가 넘기도 하니까. 몸무게도 10킬로그램을 웃도니 '괴물'이라고 불릴 만도 해.

　나의 매력 포인트는 바로 앞니 두 개야. 색깔을 보고 이빨을 얼마나 안 닦은 거냐고 물어볼 수도 있는데 오해하지 마. 내 앞니는 원래 주황색이니까. 나는 늪이나 연못에 살면서 이 주황빛 이빨로 식물의 잎이나 뿌리를 먹으며 살아. 물에서 살면 춥지 않냐고? 전혀! 내 털은 물을 튕겨 내어 물이 묻지 않거든. 게다가 내 발에는 오리처럼 물갈퀴도 있어. 그래서 물에서 헤엄도 치고 잘 지낼 수 있는 거야.

난 새끼를 좋아해!

사람이 아기를 낳으려면 10개월이 필요하다며? 우리는 일 년에 두세 번 새끼를 낳을 수 있어. 무려 다섯 마리에서 열 마리 정도를 낳는다고. 새끼들도 금세 큰단다. 태어난 지 2, 3일이 지나면 부드러운 먹이를 먹고 헤엄도 칠 줄 알게 되거든. 우리는 똑똑해서 뭐든 금방금방 배운다고, 하하!

우리 뉴트리아의 털 색깔은 다양해. 갈색, 베이지색, 하얀색, 검은색도 있지. 그래서 서로 다른 종류인가 생각할지도 모르겠는데 다 같은 뉴트리아야. 우리가 원래 개성도 강해!

약한 녀석이 된 뉴트리아

내가 만 원, 2만 원?

나를 잡으면 사람들은 돈을 받을 수 있다더라? 현상수배범이 된 건가? 생태계 교란 생물이라 빨리 없애 버려야 한다고 돈까지 내걸은 거라면서? 잡아서 그냥 키우는 게 아니라 잡아서 없애야 한다더라. 으악, 끔찍해!

우리 뉴트리아가 한국에 처음 들어온 건 1985년이었어. 당시에는 나를 음식의 재료로 쓸 수 있을 거라고 생각했대. 워낙 크기도 하고 실제로 다른 나라에서 식용으로 쓰기도 했으니까. 하지만 쥐를 닮은 내 얼굴 때문인지 나를 사육하려는 사람도, 먹으려는 사람도 거의 없었어. 정육점에 돼지고기, 닭고기, 소고기도 아닌 '뉴트리아 고기'가 있다면 선뜻 먹을 수 있겠어? 결국 사육을 하던 사람들도 우리를 포기하거나 야생에 풀어 버리는 일이 생기기 시작했지. 우리보다 더

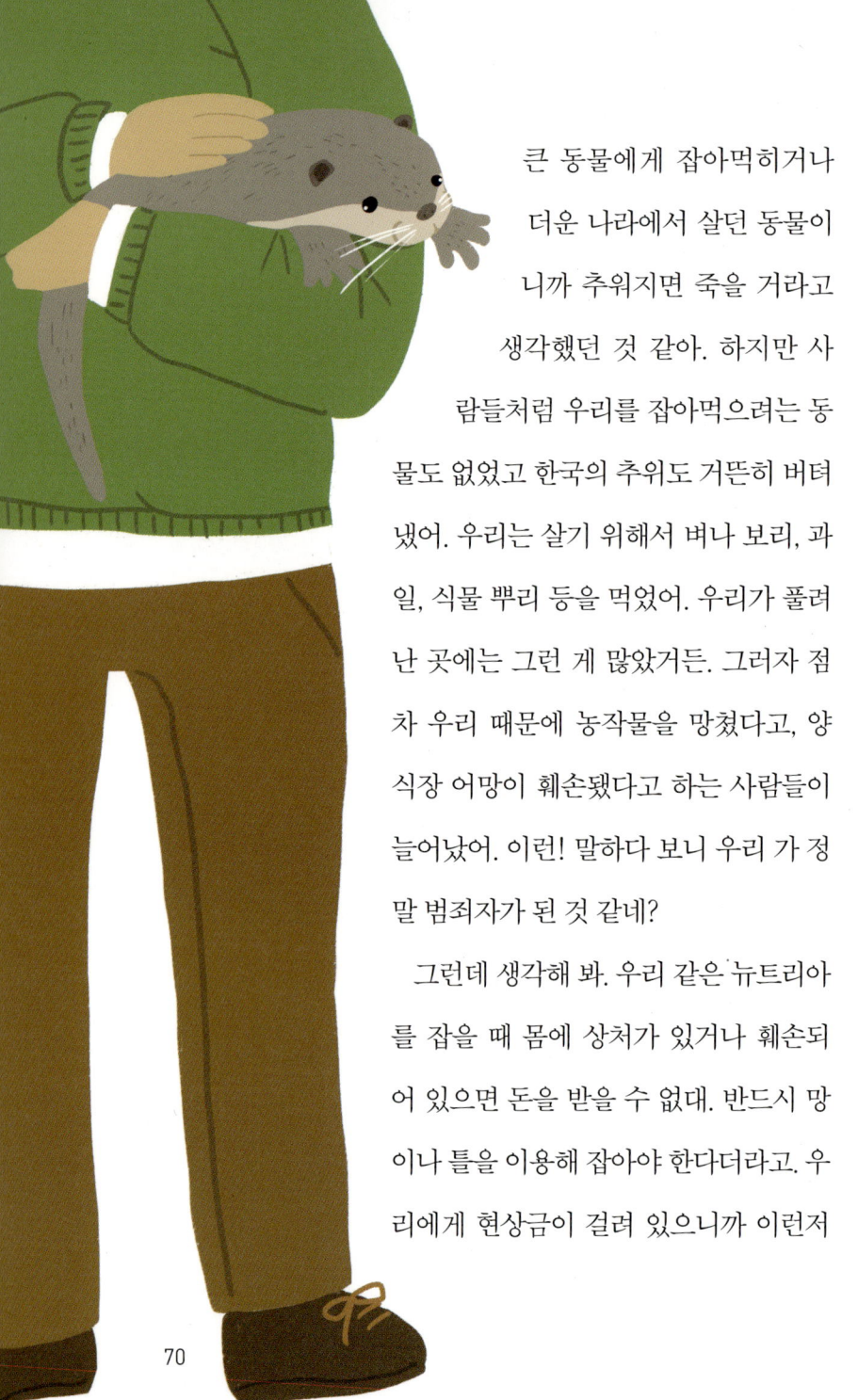

큰 동물에게 잡아먹히거나 더운 나라에서 살던 동물이니까 추워지면 죽을 거라고 생각했던 것 같아. 하지만 사람들처럼 우리를 잡아먹으려는 동물도 없었고 한국의 추위도 거뜬히 버텨 냈어. 우리는 살기 위해서 벼나 보리, 과일, 식물 뿌리 등을 먹었어. 우리가 풀려난 곳에는 그런 게 많았거든. 그러자 점차 우리 때문에 농작물을 망쳤다고, 양식장 어망이 훼손됐다고 하는 사람들이 늘어났어. 이런! 말하다 보니 우리 가 정말 범죄자가 된 것 같네?

그런데 생각해 봐. 우리 같은 뉴트리아를 잡을 때 몸에 상처가 있거나 훼손되어 있으면 돈을 받을 수 없대. 반드시 망이나 틀을 이용해 잡아야 한다더라고. 우리에게 현상금이 걸려 있으니까 이런저런 방법으로 속여서 돈을 받아 가려는 사람들이야 말로 잘못된 거 아니야?

나는 멸종 걱정이 없다지만……

한국에서는 2023년까지 우리 뉴트리아를 완전 박멸하겠다는 목표를 세우고 열심히 실천 중이래. 영국에서는 1989년 뉴트리아 완전 박멸에 성공했다고 해. 영국이나 독일 등 유럽 국가에서는 우리를 모피 재료로 쓰기 위해 수입했거든.

'멸종 위기 동물'이라고 들어 봤지? 세계의 생태계 보존을 위해 국제 자연 보전 연맹(IUCN)에 가입되어 있는 사람들이 만든 건데, 거기에는 멸종될 수도 있는 동물들이 등록되어 있대. 거기에 나는 멸종 위험이 가장 낮은 등급에 속해 있다더라? 종류는 다르지만 나와 생김새가 비슷한 수달은 멸종 위기에서 보호해야 할 동물이라고 하던데……. 많아도 문제, 적어도 문제. 대체 우리를 포함한 다양히고 많은 생물늘이 왜 이렇게 된 걸까?

생각해 봐!

우리나라 환경부에서는 2014년부터 뉴트리아 퇴치 프로그램 실천 계획을 설립해서 2023년까지 완전히 박멸하려고 하고 있어요. 특히 뉴트리아는 농업이 주업인 낙동강 유역에 많이 퍼져 있어서 지속적으로 피해를 준다고 해요. 워낙 번식력이 좋기 때문에 포획 방법으로 자주 사용하는 망이나 틀로 잡는 데에 한계가 있어서, 요즘은 뉴트리아의 항문을 꿰매어 스트레스를 주어서 개체수를 줄이자는 이야기도 나오고 있다고 해요. 퇴치할 수 있는 여러 방법을 논의해야 하는 생물이 있다는 것에 어떤 생각이 드나요? 이런 퇴치 방법에 대해 어떻게 생각하나요? 이런 경우에는 사람이 먼저일까요, 동물이 먼저일까요?

국제 자연 보전 연맹이 뭐야?

전 세계의 자원과 자연을 보호하기 위해 설립된 국제기구예요. 'International Union for Conservation of Nature'를 줄여서 'IUCN'이라고도 하고 '세계 자연 보전 연맹'이라고도 합니다. 1948년에 세워졌으며 제2차 세계 대전으로 자연환경 파괴가 심각해지자 설립되었어요. 멸종 위기의 동식물을 보호하기 위해 여러 나라의 협력 및 보호를 관리하고 연구도 하는 곳이지요. 멸종 위기 동물도 선정하지만 최악의 세계 100대 침입 외래종도 선정하는 등 환경과 관련되어 있는 생물을 모두 관리한답니다.

진짜 붉은귀거북

거북이라서 100년을 살겠다고? 놉! 나는 20년 정도 살아

내 고향은 미국 미시시피야. 호수나 웅덩이에서 살지. 보다시피 우리는 좀 작아. 다 커도 20~30센티미터 정도야. 덩치가 큰 거북 같은 경우는 100년 이상도 산다지만 나는 보통 20년 정도 살아. 우리의 등딱지가 큰 거북처럼 거칠거칠할 거라고 생각할지도 모르겠는데, 우리의 등껍질은 부드러운 편이야. 같은 거북이지만 참 다르지? 또 다른 점을 찾는다면 내 얼굴에는 빨간 줄무늬가 있다는 거야. 오른뺨에 하나, 왼뺨에 하나. 인디언처럼 자유롭고 멋지게 살 것 같지 않니?

   나는 겨울잠을 자. 조금씩 추워지는 10월쯤이 되면 호수나 연못 바닥으로 들어가서 겨울잠을 잘 준비를 하지. 그러다가 날씨가 따뜻해지면 수면 위로 올라간단다.

겨울잠을 자는 동안에는 거의 먹지도 않고 오줌이나 똥도 거의 싸지 않아. 그래도 변비는 걸리지 않으니까 걱정 마.

우리 붉은귀거북의 암컷과 수컷을 구별하는 재미난 방법이 있어. 바로 앞발톱을 보는 거지. 암컷은 앞발톱이 짧은데 비해 수컷은 암컷보다 두 배 정도 더 길거든.

우리 붉은귀거북은 거의 이사를 다니지 않아. 한곳에 자리를 잡고 평생 사는 편이야. 가끔은 알을 낳기 위해 땅 위로 올라가기도 해. 거북은 땅속에 알을 낳는 거 알고 있지? 뒷발로 흙을 파서 구덩이를 만들고 보통 알을 20개 정도 낳지. 그리고 대부분 2, 3개월 후에 새끼들이 나오는데 아주 귀엽단다.

어른이 되니 입맛이 바뀌네?

나는 어릴 때 편식을 전혀 하지 않아. 골고루 잘 먹어야 쑥쑥 자라니까. 작은 물고기는 물론 채소도 먹고, 달팽이나 지렁이, 올챙이, 각종 곤충들까지 전혀 가리지 않고 먹지. 그런데 어른이 되면서 입맛이 살짝 변하는 것 같아. 채식 위주 식단으로 변한다고 해야 할까? 육식보다는 물속에 사는 식물들 위주로 먹게 되니까 말이야. 성인이 된 후 키 클 일도 없으니까 딱 필요한 만큼 필요한 것만 먹는 거지, 뭐.

약한 녀석이 된 붉은귀거북

한때 내 인기가 어마어마했지! 그런데……

우리 붉은귀거북이 한국에 처음 왔을 때가 1970년대 후반이었어. 사람들이 우리를 보고 매우 좋아했다더라고. 작고 귀엽고 키우기도 쉽고, 게다가 거북이라니까 애완동물로 매우 안성맞춤이라고 생각했던 거지. 더구나 우리는 물이 좀 더러워도 잘살고 먹이를 잘 못 먹어도 쉽게 죽지 않고, 가격도 싸고. 그러니 많은 사람들이 우리와 함께 살고자 데려갈 수밖에. 하지만 사람들이 모르는 게 있었어. 우리는 몸집이 커질수록 수조도 큰 걸로 바꿔 줘야 했고 암컷의 경우에는 알을 낳을 수 있는 장소도 마련해 줘야 했지. 그러다 보니 점차 키우기가 어렵다는 생각이 들었는지 우리를 근처 연못이나 호수에 풀어 주는 사람이 많아졌어. 이렇게 급작스럽게 자연으로 돌아가면 보통 다른 동물은 기후나 환경이 맞지 않아 살

기 힘들어한다더라. 하지만 우리는 굳건히 살아남았어.

  우리 붉은귀거북이 갇혀 지내는 것이 안타까웠는지 종교 행사에서 대량으로 풀어 준 적도 있대. 방생이 목표였지. 뜻은 좋았지만 결국 그 일로 우리가 더 많이 한국에 자리를 잡을 수 있었던 거야. 토종 생물들을 먹으면서!

내가 남생이를 밀어냈다고?

  한국에서 우리가 악한 녀석이 된 결정적인 이유는 '남생이'라는 한국 토종 거북과의 비교 때문이야. 우리가 남생이를 밀어내서 그 녀석들이 없어지고 있다고 생각하더라. 그래

서 2001년에 우리 붉은귀거북을 생태계 교란 생물로 지정하고 수입을 금지했대.

　내가 남생이를 잡아먹는 것도 아니고 왜 우리 때문이야? 물론, 우리가 남생이의 자리를 좀 빼앗긴 했어. 일광욕할 자리도 빼앗고 먹이도 먼저 먹어 치우고. 하지만 야생에서 힘이 센 녀석이 약한 녀석을 밀어내는 건 당연한 거 아니야? 게다가 남생이들은 환경의 영향도 많이 받는다고. 수질 오염 등으

로 서식지가 많이 파괴되어 살 곳이 줄어든 게 내 탓은 아니잖아? 성격도 강하고 물이 더러워도 살 수 있는 우리와는 정반대인 거지. 남생이가 우리 붉은귀거북보다 온순하고 느려서 사람들에게 잘 잡히는 것도 문제야. 남생이가 사람들의 보신용이나 약재로 매우 좋다며? 남생이가 있어야 할 자리에 우리가 있는 것도 맞는 말이지만 우리만 남생이를 밀어내고 있는 건 아니라고. 그러니 정말 억울해.

  사람들은 우리를 잡고 나서 끔찍하게도 동물원의 악어, 독수리, 하이에나들의 먹이로 우리를 놓아주기도 한대. 자연에서는 천적이 없으니 일부러 천적이 있는 환경에 우리를 풀어 놓는 거지, 덜덜덜. 호랑이 굴에 들어가라고 등을 떠밀면 너흰 좋겠어? 우리의 개체수를 줄이겠다고 이래도 되는 거야?

생각해 봐!

생태계 교란 생물로 지정된 붉은귀거북의 이야기가 나올 때마다 함께 나오는 거북이 남생이에요. 사는 곳이 비슷하기도 하고 크기도 비슷하여 언제나 비교 대상이 된답니다. 붉은귀거북과 달리 한국 토종 거북인 남생이는 환경부가 선정한 멸종위기 야생 동물 2급이에요. 세계자연보전연맹에서는 더 높은 등급으로 평가하고 있고요. 하지만 붉은귀거북이 실제로 남생이를 먹거나 위협하는 건 아니라고 해요. 다만 붉은귀거북이 남생이보다 환경 변화에 적응력이 뛰어나고 스트레스에도 강하니 어느 정도 영향은 있기도 하겠지요. 그래서 어느 연구가들은 붉은귀거북이 정말 남생이의 생태를 교란시키고 있는지, 구체적으로 어떤 영향을 끼치는지, 정확하고 전문적인 연구가 필요하다고 주장하기도 한답니다.

생태계 교란 생물로 지정되면 어떻게 돼?

정확히는 '생태계 교란 야생 생물'이라고 말해요. 유입주의 생물 중 1급 지정 생물로, 생태계 균형을 깨뜨릴 수 있는 생물을 평가하여 환경부 장관이 지정하지요. 이렇게 지정된 생물은 야생에 풀 수 없는 것은 물론, 살아 있는 상태로 수입을 하거나 운반을 하거나 키우면 안 돼요. 낚시나 사냥 등으로 사람에게 잡히면 대부분 '생활 폐기물'이 되어 제거 대상이 된답니다. 대표적으로 뉴트리아, 붉은귀거북, 황소개구리, 미국가재, 큰입배스, 꽃매미, 돼지풀, 양미역취, 애기수영, 마늘냉이 등 현재(2021년) 30여 종이 있답니다.

굴 좀 팠더니 난리 났네

미국가재
학명 : Procambarus clarkii

붉은가재라고도 하며
집게발을 포함하여 10~15센터미터까지 자란다.
강이나 연못, 늪지뿐만 아니라 오염된 물에서도
소금기가 있는 물에서도 잘산다.
푸른색, 주황색 등 몸 색깔이 화려한 종도 있으며
1년 내내 번식하는데 알을 낳으면
암컷이 알을 배에 품고 다닌다.

진짜 미국가재

내 알이 어디에 있게?

하이, 나는 미국가재야. 미국에서 온 가재냐고? 맞아. 다른 이름으로 '붉은가재'라고도 부르더군. 민물 가재치고는 꽤 커서 15센티미터 정도 자라. 덕분에 내 집게발도 큰 편이지. 게다가 내 집게발에는 울퉁불퉁 돌기도 있어서 강해 보이기까지 한다고. 나는 따뜻한 걸 좋아해서 물의 온도가 높고 흐름이 거의 없는, 고인 물에서 많이 살아. 깨끗한 물이 아니어도 괜찮다는 거지. 하천이나 농수로, 늪지 같은 곳은 숨기 좋아서 더 좋거든. 뭐, 소금기가 약간 있는 물도 괜찮아. 내가 까다로운 편이 아니라서 말이야, 하하!

나는 알을 낳으면 매우 소중하게 보호해. 물론 모든 생물이 자신의 새끼를 보호하려 하지만 우리 미국가재는 새끼 사랑이 유별나다고. 알을 모두 배에 붙이고 다니니까 말이

야. 알이 암컷의 배에 달려 있는 거야. 검은색 알을 한 번에 100~500개 붙일 수 있어. 보통 이렇게 알을 배면 2, 3주 후에는 새끼들이 나온단다. 그러면 배가 홀가분하겠다고? 아니야. 새끼가 부화한 후에도 어느 정도는 배에 품고 다녀. 엄마니까 계속 보호하고 싶은 건 당연한 거 아니겠어?

내 몸이 그저 붉기만 하다고 생각하면 안 돼. 물론 한국에서 사는 우리 미국가재는 대부분이 붉은 편이기는 하지만, 내 친구들 중에는 하얀색이나 파란색도 있고, 오렌지색도 있어. 우리는 꽤 화려한 편이라고.

한국의 가재와 다른 점?

한국의 가재들은 대부분 깨끗한 계곡이나 물이 빠르게 흐르는 차가운 물에 주로 있다고 하더라? 그래서 '가재가 사는 곳은 물이 깨끗한 곳'이라는 생각을 많이 하더군. 하지만 우리 미국가재는 물의 흐름이 매우 느리거나 거의 없는 습지 같은 곳에 살아. 고요하고 음침하고 아주 좋은데 한국 가재는 아직 이 맛을 모르는 것 같아.

악한 녀석이 된 미국가재

내가 세계적인 악당이라고?

내가 한국에 들어오게 된 건 애완동물로 꽤 괜찮아 보였기 때문이래. '관상용'이라고 하더군. 우리가 색깔도 다양하고 집게발도 멋져 보였으니까 그랬겠지? 하지만 점차 인기가 시들해지자 야생에 방생했기 때문에 생태계에 문제가 시작된 거래. 우리 미국가재는 영산강이나 만경강 부근에서 아주 많이 볼 수 있는데 알을 500개 가까이 낳으니까 물길을 따라 다른 동네까지 가는 건 시간문제라고 할 수 있지. 게다가 우리의 천적이 거의 없거든. 반면에 우리는 죽은 동물을 먹기도 할 정도로 아무거나 잘 먹으니까 우리 미국가재가 물속을 장악하는 건 당연한 일이지.

하지만 무엇보다도 사람들이 나를 '악당'이라고 말하는 이유는 따로 있는 것 같아. 내가 물곰팡이와 기생충을 퍼뜨린다나? 같은 물에 사는 녀석들을 모두 아프게 하거나 죽일 수 있다는 거지. 실제로 유럽에서는 '가재 페스트'라는 전염병을 퍼뜨려서 그곳에 살고 있던 가재가 모두 죽기도 했대. 그래서 일까? 우리 미국가재가 '세계 100대 악성 외래종'에 뽑혔다고 하더라고. 내가 퍼뜨리고 싶어서 퍼뜨렸나? 내가 정말 악당이야?

굴 좀 팠더니……

우리 미국가재는 원래 굴 파기 선수야. 강바닥도 파지만 논둑, 개흙 등 어디든 굴을 만들 수 있지. 때로는 5미터 가까이도 굴을 파는데 이것 때문에 사람들이 쌓아 놓은 둑이 무너져 내리기도 해. 그렇게 사람들이 만든 수로나 농작물을 망치기도 하지. 또한 녹조를 일으키는 침전물 농도를 높게 해서 물의 질

을 흐리기도 하고. 내가 판 굴로 그렇게 될 줄 알았나, 뭐? 분명히 말하지만 일부러 그런 게 아니야. 그저 나는 태어나기를 굴 파는 습성이 있게 그렇게 태어났을 뿐이라고. 그런데 굴 좀 팠더니 다들 난리야.

생각해 봐!

원래 미국가재가 살던 곳은 그다지 춥지 않은 곳이에요. 때문에 미국가재를 풀어놓을 때 겨울이 되면 우리나라에서 살기 힘들 거라고 예상하기도 했지요. 하지만 미국가재는 뛰어난 적응력으로 살아남아서 2019년 11월에 생태계 교란 생물로 분류되었어요. 겨울이면 온도가 영하권까지 내려가는 우리나라에서 어떻게 가능한 일일까요? 일단 미국가재가 많이 발견되는 곳이 대부분 우리나라에서도 따뜻한 남쪽 지방이랍니다. 겨울에도 꽤 푸근한 곳이지요. 게다가 대부분 늪지 같은 곳에 살다 보니, 갈대가 무성한 곳이나 진흙 바닥 같은 곳에 보금자리를 틀어 어느 정도 버틸 수 있는 거예요. 또 지구 온난화로 우리나라 수온 자체가 높아졌기 때문이라고도 해요. 그래서 겨울철에도 열대어들이 국내 하천에 서식하고 있다고 사례를 들기도 했고요. 정말로 이런 외래종이 완전히 다른 환경에서 토착화되어 살게 되는 원인은 무엇일까요?

세계 100대 악성 외래종이 뭐야?

국제 자연 보전 연맹(IUCN)이 선정했어요. 말 그대로 외국에서 들어온 생물 중 다른 나라의 자연환경에 좋지 않은 영향을 미칠 수 있는 생물을 분류해 놓은 거지요. 뉴트리아나 큰입배스, 가물치, 굴토끼, 붉은불개미 등 여러 생물이 있어요.

또한 '미역'도 포함되어 있는데 2000년대 초반 캘리포니아 항구에서 발견된 것을 시작으로, 번식력이 매우 강하고 가라앉는 경향이 있어서 제거가 쉽지 않기 때문에 생태계를 위협할 우려가 있어서 선정되었다고 해요. 미국에서는 '바다의 잡초'라고 불리면서도 아직은 어떤 해를 끼쳤는지 정확히 알려지지는 않았어요. 하지만 분명한 건 천적이 없는 한, 언제든지 미역이 번식해서 그 바다를 점령할 수도 있다는 점이지요.

진짜 지렁이

약하다고? 난 강해!

　나를 알고 있는 사람들이 많을 것 같은데 맞아, 난 지렁이야. 꿈틀꿈틀 귀엽게 생겼지? 하지만 나를 만나기는 쉽지 않지. 나는 해를 좋아하지 않아서 대부분 어두운 땅속에서 시간을 보내니까. 내가 친구들하고 워낙 똑같이 생기다 보니까, 나더러 여자냐 남자냐 물어볼 때가 많은데 나는 여자이기도 하고 남자이기도 해. 그래서 누구나 알을 낳을 수 있지. 다만 혼자서는 알을 낳을 수 없고 다른 친구의 몸을 만나야만 가능해. 우리 몸, 참 신기하지?

　한 가지 신기한 게 또 있지. 몸이 반으로 쪼개져도 살 수 있다는 거야. 게다가 심장도

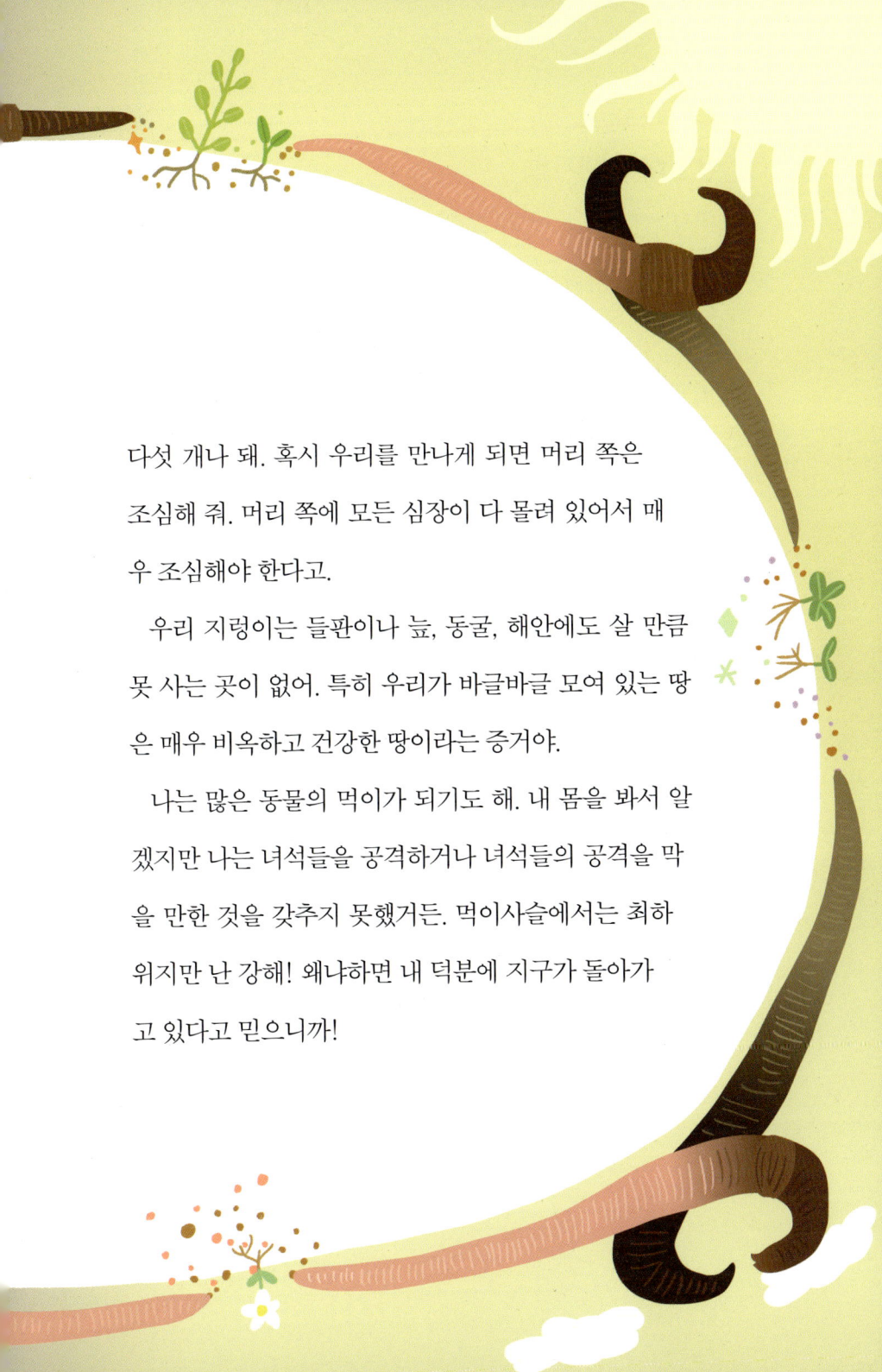

다섯 개나 돼. 혹시 우리를 만나게 되면 머리 쪽은 조심해 줘. 머리 쪽에 모든 심장이 다 몰려 있어서 매우 조심해야 한다고.

우리 지렁이는 들판이나 늪, 동굴, 해안에도 살 만큼 못 사는 곳이 없어. 특히 우리가 바글바글 모여 있는 땅은 매우 비옥하고 건강한 땅이라는 증거야.

나는 많은 동물의 먹이가 되기도 해. 내 몸을 봐서 알겠지만 나는 녀석들을 공격하거나 녀석들의 공격을 막을 만한 것을 갖추지 못했거든. 먹이사슬에서는 최하위지만 난 강해! 왜냐하면 내 덕분에 지구가 돌아가고 있다고 믿으니까!

난 원래 '용'이지롱!

내 이름이 '지렁이'라 그런지 '징그럽다'에서 이름을 따왔나 생각하는 사람들이 많던데, 한자로 나를 '지룡(地龍)'이라고 해. 바꿔 말하면, 땅에서 사는 용이랄까? 나는 그 말이 틀리지 않다고 생각해. 우리 지렁이들은 땅속에서 흙과 함께 동식물의 배설물이나 썩은 잎을 먹는데, 우리 똥에는 식물이 섭취할 수 있는 영양분이 많아. 다시 말해 또 다른 생물들이 살아갈 수 있도록 돕는 역할을 하는 거지. 내 똥을 사람들은 '분변토'라고 부르더라? 이 분변토를 이용해 농사도 짓는다더군. 농약이나 화학 비료를 쓰지 않아도 식물을 쑥쑥 자라게 하니까 이게 바로 친환경 농법이라고 말하면서 말이야. 분변토는 벌레나 해충이 달려드는 것도 방지할 수 있으니 일석이조 아니겠어? 내 똥 좋은 걸 제일 처음 알아낸 사람이 '찰스 다윈'이라던데 관찰력이 대단한 것 같아. 어쨌든 이런 내 덕에 지구의 땅이 다져지고 있으니 역시 나는 땅에서 사는 용! 신비스러운 존재 아니겠어? 하하.

약한 녀석이 된 지렁이

우리 때문에 흙이 오염될 수 있다고?

우리는 흙이 있는 곳이라면 어디든 살 수 있어. 좋은 먹이만 있다면 말이야. 특히 요즘 사람들은 먹이를 먹고 다른 영양분을 만들어 내는 내 기술을 이용해서 쓰레기를 분해하려고 하고 있어. 음식물 쓰레기 같은 거 말이야. 내가 쓰레기를 환경적으로 처리한다나?

그런데 문제가 생겼어. 플라스틱이나 각종 쓰레기가 생겨나면서 말이야. 내가 플라스틱을 함께 먹어 버려서 그렇대. 사실 나는 플라스틱을 먹지 못해. 흙에 함께 버려진 미세 플라스틱이 문제였지. 나도 모르게 먹은 그 미세 플라스틱이 내 몸속에서 다시 분해되어 분변토로 나오는데, 아니 글쎄 그게 나노 플라스틱이 된다더라? 내 몸속에서 플라스틱도 소화가 되어 버리는 거지.

그렇게 되면 우리도 몸이 이상하게 변해. 알을 낳을 수도 없게 되시. 자연 친화적으로 쓰레기를 처리할 수 있다고 우리 지렁이를 이용했는데 오히려 더 큰 오염을 불러일으키게 된 셈이야.

북극에서도 살게 된 사연?

나는 추운 곳에서 살지 못해. 특히 매우 추운 북극 같은 곳에서는 더더욱 그렇지. 그런데 독일의 한 박사가 "인간 때문에 북극에서도 지렁이가 발견된다"고 말했대. 맞아, 이제는 우리 지렁이가 북극권에서도 살기 시작한 거야. 사람들의 신발이나 낚시용 미끼, 재배용으로 수출된 흙을 통해서 북극까지 가게 되었지. 하지만 그런 이유로 그곳까지 갔더라도 북극의 추위가 예전 같았으면 결코 거기에 머물 수 없었을 거야. 지구 온난화로 북극이 많이 따뜻해지지 않았다면 말이야.

나는 북극권에 있는 숲에 살면서 그곳에서도 그저 먹고 쌌을 뿐이야. 흙이 다듬어지고 비옥해졌지. 그런데 그게 문제였어. 북극권 식물을 너

무 잘살 수 있게 해 줘서 질소와 탄소 성분이 너무 많이 나오게 된 거야. 지구가 더욱 따뜻하게 변하는 거지. 북극권의 얼음이 녹고 심지어 식물의 종류까지도 바뀔 수 있대. 그러니 난…… 어쩌면 생태계를 위협하는 악한 녀석이 된 게 맞을지도 몰라. 휴…….

생각해 봐!

지렁이는 전 세계에서 살고 있는 생물이에요. 약 3100종이 있다고 알려져 있는데 그중 60종이 우리나라에서 산다고 하지요. 지렁이는 농업에 매우 중요한 역할을 하는 것은 물론 다른 동물의 먹이가 되기도 해요. 낚시용 미끼나 한약재로 쓰이기도 하고요. 사람이나 동물 모두에게 이로운 존재로만 알려졌던 지렁이가 최근에는 오염된 토양에 살게 되면 더 오염된 분변토를 배출하여 오히려 환경에 좋지 않은 영향을 준다는 연구가 알려지게 되었어요. 실제로 지렁이가 음식물 쓰레기나 가축 분변, 하수까지 처리하여 헌 흙을 새 흙으로 바꿔 주기를 기대하거든요. 하지만 자연 친화적 방법으로 더 오염될 수 있다고 하니, 어떻게 하면 좋을까요? 지렁이가 도움을 준 만큼 사람들이 다시 도움을 줄 수 있을까요?

미세 플라스틱이 뭐야?

미세 플라스틱은 말 그대로 5mm 이하의 작은 미세한 화합물을 뜻해요. 기존의 어떤 플라스틱 제품이 조각나서 생기기도 하고 사람들에 의해 만들어지기도 하지요. 치약이나 세안제 등에 작게 제조되어 들어가는 것을 1차 미세 플라스틱, 기존의 플라스틱이 버려지면서 마모되고 조각나 미세화된 것을 2차 미세 플라스틱으로 구분하기도 해요. 이 미세 플라스틱이 가장 큰 문제를 일으키는 곳은 바다인데요. 그 이유는 하수 처리를 해도 걸러지지 않고 그대로 바다로 흘러가서 결국 해양 생물에게 피해를 주기 때문이에요. 워낙 미세한 화합물이어서 작은 플랑크톤에도 영향을 끼친답니다. 최근에는 대기 중에도 미세 플라스틱이 발견되어 문제가 되고있어요. 이로 인해 플라스틱 사용량을 줄여야 한다는 목소리가 높아지며 미생물에 의해 생분해될 수 있는 플라스틱이 개발되고 있답니다.

로드킬 당하는데 유해 야생 동물이라고?

고라니
학명 : Hydropotes inermis

사슴과의 동물로, 크고 긴 송곳니로 식물의 뿌리를 캐 먹기도 하고 서열 다툼을 하기도 한다. 고라니는 세계적으로는 멸종 위기종이나 한국에서는 농작물을 먹는 등 피해를 유발해 유해 야생 동물로 지정되어 있다.

진짜 고라니

상아 같은 내 이빨, 예쁘기도 하구나

어? 지금 날 보고 있는 넌 누구야? 난 혼자 있는 걸 좋아하는 고라니라고. 뭐? 내가 새벽녘에 내 놓은 발자국과 똥을 따라왔다고? 축축한 습지에서 살다 보니 발자국이 참 잘 찍히는 것 같군. 그렇지만 내가 '여기는 내 땅'이라고 이마를 나무에 문질러서 영역도 표시해 놨는데 이렇게 막 나를 따라와도 돼? 하긴 나를 자주 만나는 게 어렵긴 하지. 물론 한국에서는 아니지만. 나는 한국과 중국에 많이 사니까.

혹시 날 보고 못생겼다고 비웃는 건 아니지? 입 밖으로 튀어나온 크고 긴 송곳니 때문에 그런 생각을 할지도 모르겠지만 나에게는 아주 중요한 이빨이라고. 위턱의 송곳니가 길게 자라 튀어나온 건데 보통 수컷에게만 보여. '엄니'라고 하지. 물론 암컷도 엄니가 있지만 수컷보다 짧아서 잘 보이지 않아. 어쨌든 이 이빨로 싸움도 하고 식물 뿌리를 캐서 먹기도 해. 난 나뭇잎만 먹지 않고 나뭇가지와 뿌리도 먹거든. 송곳니가 튀어나와서 불편하지 않으냐고? 전혀! 난 얼굴 근육을 이용해서 이빨을 마음대로 조절하거든. 나는 사슴의 뿔보다 내 송곳니가 더 멋지다고 생각해. 그렇지 않니?

나는 물을 좋아하기도 하고 수영도 할 줄 알아. 그래서 하천 주변에서 쉽게 만날 수 있지. 내 집도 주로 물 근처 갈대숲 같은 곳에 있다고.

'사랑한다'는 말은 소리 내어 말해야 하는 거야

나를 노루와 비슷하다고 생각하는 사람도 많더라? 하지만 나는 노루처럼 잘 놀라지 않아. 차분한 편이라고나 할까? 집을 좋아해서 처음 자리 잡은 곳을 크게 벗어나지 않고 머무르지. 차분하고 소극적인 나지만 가끔 소리를 내며 적극적일 때가 있어. 결혼할 만한 상대를 만났을 때야. 휘파람 같은 소리나 기이하고도 다양한 소리를 내면서 사랑을 표현하거든. 사랑한다는 말은 말로 표현할 때 멋진 거 아니겠어?

약한 녀석이 된 고라니

대한민국에서만 유해 야생 동물이라고?

우리 고라니는 현재 한국과 중국에서만 자주 볼 수 있어. 다른 나라에 비해 천적이 없기 때문에 살기 좋거든. 보통 삵이나 독수리, 수리부엉이가 내 천적인데 한국에서 일어난 전쟁 때 크고 작은 포식자들이 없어졌어. 게다가 우리는 다른 동물에 비해 번식력도 강한 편이라 점차 그 수가 늘어나게 된 거야. 그 결과 한국에서 살고 있는 고라니의 수가 전 세계의 90%가 되었고 너무 많으니까 한국에서는 우리가 '유해 야생 동물'로 지정된 거지. 다른 나라에서는 꽤 귀한 몸이라,

멸종 위기 동물로 관리받고 있는데 말이야. 아무튼 숲보다는 사람들이 사는 곳, 그러니까 농사를 짓는 곳에 가면 부드러운 이파리와 맛난 식물들이 가만히 모여 있으니 우리가 굳이 어렵게 야생에서 먹이를 찾을 필요가 없어졌어. 그래서 사람들이 모아 놓은 식물 좀 먹었는데 그거 때문에 난리가 난 거지.

 하지만 내가 정말 '유해 동물'이 된 이유는 도로로 뛰어들었다가 차에 치여 죽기 때문인 것 같아. '로드킬'이라던데? 우리도 갑자기 뛰어들고 싶어서 그러는 게 아니야. 그 자리에는 원래 숲속 길이 있었을 뿐이라고. 어느 날 갑자기 사람들이 산을 깎아 도로를 만들어 놔서 우리도 깜짝 놀랐는데 지금은 사람들이 깜짝 놀라고 있나 봐. 어쨌거나 로드킬은 사람에게도, 우리 고라니에게도 별로 좋지 않은 건 사실이야.

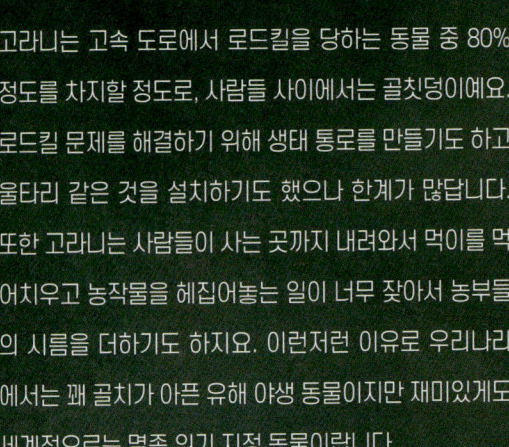

생각해 봐!

고라니는 고속 도로에서 로드킬을 당하는 동물 중 80% 정도를 차지할 정도로, 사람들 사이에서는 골칫덩이예요. 로드킬 문제를 해결하기 위해 생태 통로를 만들기도 하고 울타리 같은 것을 설치하기도 했으나 한계가 많답니다. 또한 고라니는 사람들이 사는 곳까지 내려와서 먹이를 먹어치우고 농작물을 헤집어놓는 일이 너무 잦아서 농부들의 시름을 더하기도 하지요. 이런저런 이유로 우리나라에서는 꽤 골치가 아픈 유해 야생 동물이지만 재미있게도 세계적으로는 멸종 위기 지정 동물이랍니다.

우리나라에서 반달곰을 방사하여 자연으로 돌려보내려고 노력하고 있다는 것을 아나요? 그 이유 중 하나가 반달곰이 먹이 사슬에서 최상위에 해당하는 동물이기 때문이라고 해요. 가장 자연스러운 방법으로 고라니의 천적을 풀어 개체수를 줄여 보고자 노력하는 거랍니다.

유해 야생 동물이 뭐야?

보통 사람의 생명이나 재산 등에 피해를 주는 동물을 그렇게 일컬어요. 사람들이 심어서 키우는 농작물을 헤집는 동물을 포함하여 비행을 방해하는 조류, 또한 사람이 키우는 가축 등을 해치거나 건물이나 문화재 같은 사람의 생활 공간에 피해를 주는 동물들이 해당됩니다. 대표적으로 멧돼지, 비둘기, 까치 등이 있어요. 이러한 유해 야생 동물은 포획할 수 있는데 이때 사체가 훼손되어 있으면 안 돼요. 불법 매립이나 환경 오염, 전염병 등과 같은 2차 피해를 줄이기 위해서라고 합니다.

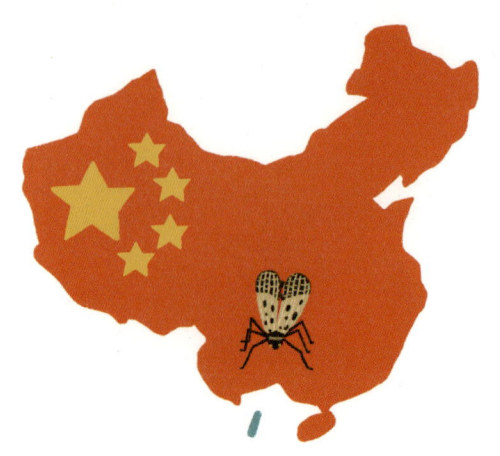

진짜 꽃매미

나는 절대 울지 않아!

내 날개 좀 볼래? 검은색과 흰색, 점박이도 섞여 있지. 이렇게 날개를 펼치면, 빨간색 뒷날개도 드러나. 마치 꽃처럼 화려하지? 그래, 나는 꽃매미야. 아마도 이렇게 화려한 날개를 보고 꽃매미라고 이름 붙였나 봐. 사실 나는 중국에서 살았던지라 '중국매미'라고도 불려.

'매미'라고 하니까 여름철마다 나무에 붙어서 맴맴 시끄러운 소리를 내는 매미를 떠올리고 있지? 하지만 나는 생김새만큼이나 보통 매미들과 달라. 우선 나는 절대로 소리를 내어 울지 않거든. 소리를 내는 기관이 몸에 없어.

또 다른 점이 있어. 날개가 있지만 잘 날지는 못한다는 점이야. 대신 점프를 하지. 특히 내가 유충일 때에는 천적을 피해 아주 멀리까지 점프를 한다고. 거의 1~2미터 정도 이동할 수 있어. 물론 계속 점프할 수 있는 건 아니지만. 잘 날지를 못하니 점프라도 잘 해야 천적을 피할 수 있지 않겠어?

매미는 성충이 될 때까지 5~6년을 땅속에서 살지만 우리는 매년 번식할 수도 있어.

가죽나무 좋아, 좋아. 포도나무 좋아, 좋아

내가 중국에서 왔기 때문일까? 중국이 원산지인 '가죽나무'라는 게 있는데 난 그 나무가 그렇게 좋더라? 대한민국에서는 주로 가로수로 자리 잡고 있는 나무이기도 하지.
나무껍질이 회갈색인 나무야.
너도 본 적이 있을걸? 가죽나무는 나무
껍질이 부드러워서 매우 좋아. 덕분에 알도 잘
낳을 수 있지.

　나는 알을 덩어리로 낳거든? 덩어리 안에 알이 무려
40~50개나 돼. 가족이 무척 많아지겠지?

약한 녀석이 된 꽃매미

내 똥이 뭐 어때서?

　나는 주로 나무에 붙어서 그 나무의 즙을 빨아먹고 살아.
먹었으니 배변도 해야겠지? 그런데 내가 즙을 먹고 똥을 싸
고 나면 꼭 이상한 일이 생겨. 나뭇잎에 '그을음'이 생기는

거야. 그게 사람들에게는 문제라더라? 나무가 말라 죽을 수도 있고, 과일에까지 그을음 증상을 발생시킨다고 하더라고. 아니, 침이나 똥이 독한 게 뭐가 이상해? 너희 침이랑 똥은 깨끗하니?

우리 똥의 특징이라고 하면 '단물' 형태라는 거야. 한마디로 단맛이 난다는 거지. 식물들에게는 이런 성분이 좋지 않아. 곰팡이가 생기게 해서 결국은 나무를 병들게 하니까. 또 단물을 좋아하는 다른 곤충들이 꼬이게 해서 사람들이 사는 곳을 어지럽게 하기도 하고. 그래도 뭐 어떻게 해? 먹고 싸는 게 잘못은 아니잖아?

내가 곤충계의 황소개구리?

우리 꽃매미가 한국에서 사람들 눈에 띈 건 2000년대 중반이야. 원래 서식지였던 중국 남부 지역에서 태풍이나 황사를 타고 건너왔다는 이야기가 있지. 어떤 연구에 따르면 1932

년에 한국에서 꽃매미를 확인했다는 기록도 있대. 아주 오래 전부터 한국에서 살고 있었지만 그동안은 개체수가 많지 않아 별 문제가 없었던 것뿐이라는군. 그런데 요즘은 우리 꽃매미가 한국에서 사람들의 농사를 망치는 것은 물론, 그 수도 점차 많아지고 있어서 '생태계 교란 생물'이 된 거야. 하지만 난 그저 살기 좋은 곳에 머물렀을 뿐이야.

원래 우리도 따뜻한 걸 좋아해서 찬바람이 부는 겨울이 있는 나라는 싫다고. 하지만 실제로 2000년대 한반도의 평균 기온이 올라갔다고 하더라? 덕분에 우리 꽃매미가 살기 좋아진 거지. 게다가 서울만 하더라도 곳곳에 가죽나무가 흔히 심어져 있거든. 그러니 우리가 한국에서 살지 못할 이유가 없잖아? 현재는 대한민국 방방곡곡에 우리 꽃매미가 퍼져 있어. 그래서 우리를 곤충계의 황소개구리라고 부르는 사람이 많아졌더라고.

우리 꽃매미가 미국까지 가게 되었다는 이야기를 했던가? 2014년에 미국 펜실베이니아에서 처음 발견되었다지. 그곳은 과수원도, 나무도 많은 곳이라 아주 마음에 들어. 게다가 마찬가지로 기후 변화로 그곳 겨울도 따뜻해졌거든. 우리가 워낙 곳곳에 자리를 잡고 알을 낳아서 사람들은 우리를 없애는 것에 힘을 쓰고 있대. 그런데 이상하지 않아? 우리가 날아서 미국까지 갈 수 있었겠어? 가죽나무를 수입해 가면서 우리까지 따라 가게 된 거지, 뭐겠어?

생각해 봐!

꽃매미는 '꽃매미벼룩좀벌'이라는 자연의 천적이 존재해요. 2015년, 연구를 통해 알아냈는데 꽃매미벼룩좀벌은 꽃매미의 알 덩어리 위에 자신의 알을 낳아요. 그 알이 부화하여 꽃매미의 알을 잡아먹기 때문에 좋은 방제 방법이 되고 있어요. 꽃매미가 워낙 번식을 잘해서 자연계의 천적을 풀어놓는 게 생물학적인 방제가 된 셈이죠.

우리나라 사람들에게 '해충'이라 불리는 곤충은 꽃매미뿐만 아니라 '미국선녀벌레', '갈색날개매미충' 등이 있어요. 한 해 농사를 망치는 녀석들이라고 생각하면 정말 해충이 분명해요.

그러면 이러한 해충이 활발하게 번식하고 살아남을 수 있었던 이유는 뭘까요? 지구 온난화가 되지 않았다면 좀 더 나은 상황이 될 수 있었을까요?

황소개구리가 누구야?

황소처럼 운다고 해서 지어진 이름으로, 북아메리카에서 들여온 개구리예요. 농가의 이익을 위해 식용으로 1970년대에 들여왔는데 몸길이가 무려 20㎝가 될 정도로 크답니다. 하지만 황소개구리를 파는 게 별다른 소득이 되지 않자 사람들이 무단으로 개울에 풀어 주었고, 황소개구리는 야생 생태계를 무너뜨리는 주범이 되었지요. 물고기, 곤충, 거미를 먹는 것은 물론, 천적인 뱀까지 먹어 버린다는 이야기가 있을 정도로 사회적인 문제가 되었던 생물이지요. 저수지나 하천, 늪을 점령하기 시작하자 사람들은 적극적인 퇴치 운동을 했어요. 사냥 대회를 열기도 하고 시식회를 열기도 했지요. 다행히 이러한 사회적 이슈와 함께 블루길, 큰입배스 등의 출연 등 여러 요인이 함께 어우러져서 요즘은 개체 수가 많이 줄어들었답니다.

진짜 깍지벌레

우리는 참 다르게 생겼지

안녕. 나는 지금 선인장에 붙어 있는 중이야. 우리는 선인장을 가장 좋아해. 바짝 붙어서 즙을 빨아먹지. 진딧물이냐고? 그렇게 보이니? 아니야. 나는 깍지벌레 또는 연지벌레라고 불리는 곤충이야. 보다시피 몸집이 매우 작아. 3~5밀리미터밖에 되지 않으니까. 그런데 두 마리가 왜 서로 다르게 생겼냐고? 우리는 수컷과 암컷이기 때문이지. 일단 나 같은 암컷은 날개가 없고 몸이 달걀형에 하얀색이야. 반면 수컷은 날개도 한 쌍 있고 더듬이와 다리가 긴 편이지.

가끔은 우리 때문에 식물이 쇠약해지면서 하얀 그을음이 생기기도 해. 사실 우리 깍지벌레는 혼자 다니지 않고 떼로

다니거든. 맛있는 건 함께 먹는 거니까.

　우리 깍지벌레는 종류도 아주 많아. 한국에 있는 대표적인 깍지벌레는 나 같은 이세리아깍지벌레야. 우리는 감귤나무 같은 곳에서 쉽게 볼 수 있지. 그러고 보면 우리는 과수원도 참 좋아해. 달콤달콤, 맛난 과일이 주렁주렁 열려 있잖아? 어떻게 그냥 지나칠 수가 있겠니? 붙어 있는 곳에 따라 갖가지 이름이 붙어. 가루깍지벌레, 샌호제깍지벌레, 공깍지벌레, 귤애가루깍지벌레, 감나무주머니깍지벌레 등 정말 다양하지? 그 외에도 벚나무깍지벌레, 뽕나무깍지벌레, 소나무가루깍지벌레 등 여러 가지 모습으로 정말 다양하게 있어.

옷이 아니라, 내 몸이야

내 몸은 좀 특이하게 생겼어. 적갈색 몸 등 쪽에 마치 옷처럼 솜덩이가 붙어 있거든. 하얀 밀랍 가루가 온몸에 있는 거야. 그래서 나무에 붙어 있으면 하얀 곰팡이처럼 보일 수도 있지.

몇몇 깍지벌레 종은 '난태생'이라고 해서 알을 낳아 몸에 지니고 다니다가 부화가 되면 낳는단다. 새끼가 되어 움직일 수 있어야 어미 몸 바깥으로 나오는 거지. 정말 특이하지?

우리 몸은 왁스 같은 것으로 코팅이 되어 있어. 이 왁스 물질 덕분에 천적도 우리를 함부로 공격하지 못해. 그래도 무당벌레나 풀잠자리는 무서워. 우리를 잡아먹는 천적이니까!

약한 녀석이 된 깍지벌레

반려 식물의 적?

요즘 사람들은 '반려 식물'이라고 해서 선인장을 포함한 많은 다육 식물을 키우더군. 그런데 거기 붙어 있는 나 같은 깍지벌레는 좋아하지 않아. 내가 즙을 빨아먹고 또 새끼들도 금방 많이 낳으니까. 더구나 우리는 뿌리에 붙어 있기도 해서 없애기가 쉽지 않거든. 과수원에서는 더욱 싫어하지. 우리가 배, 복숭아, 포도, 귤, 감 등 과수원에 있는 과일도 무척 좋아하거든. 하지만 사실 난 사람을 공격하거나 사람에게 해를 가하지 않아. 그러니 너무 악한 녀석이라고는 생각하지 않았으면 좋겠어.

내가 색소로 제격이라더니……

사람들은 우리 깍지벌레 중 몇몇 종의 암컷을 잡아 바짝 말린 후 색소로 쓴다더라? 그것을 '코치닐 색소'라 부르고 말이야. 보통 너희가 먹는 핑크색 딸기우유에 넣는다고 해. '카민'이라고 불리는 빨간 염료도 우리를 이용해서 만든 거고.

아무래도 화학적인 요소를 넣어 색을 만드는 것보다 사람에게 별다른 해가 없는 우리 깍지벌레를 선택한 거겠지? 워낙 오래전부터 사용해오기도 했고.

그러다 천식이나 알레르기 등 부작용이 보고 되면서 한때 말들이 많아졌어. 우리 깍지벌레를 이용한 색소를 써야 하는지에 대해 말이야. WHO라는 세계 보건 기구에서 알레르기 유발 의심 물질로 정해졌다는 이야기도 있고, 다른 나라에서는 알레르기 원인 물질이니 주의하라고 했다고도 하고, 대한민국의 식약청에서는 별문제가 없다고 하기도 하고……. 결국 극히 일부의 사람들에서 있었던 반응이니 사용을 금하기보다는 제품에 꼭 표기하자는 쪽으로 결론이 났지. 사용을 금하지는 않아서 지금까지도 사용하고 있지만 명확하게 제품에 표기하게 한대. 가끔 화장품이나 립스틱, 햄, 맛살 등에도 들어가니까 사용하고 싶지 않거나 먹고 싶지 않으면 물건을 살 때 꼭 성분을 확인해 봐.

  코치닐 색소를 얻으려면 우리 깍지벌레가 많이 필요한 모양이야. 1킬로그램 정도를 얻기 위해서 무려 10만 마리가 필요하다니까. 우리는 곤충이야. 그러니까 아무리 안전한 색소라고 해도 이렇게 많은 곤충이 쓰여야 한다면 문제가 있는 게 아닐까? 나는 사람들이 사용하는 색소를 위해서가 아니라 나를 보호하기 위해서 색을 띠고 있는 것뿐이야. 그러니 코치닐 색소 때문에 사람들에게 알레르기가 생겼다고 우리를 탓하는 건 억울해. 그런데 정말 너희에게는 '색소'라는 게 필요한 거야?

생각해 봐!

가끔 식품이나 생활 용품에 보기 좋으라고 색을 넣기도 해요. 음료에도, 과자에도, 빵에도, 화장품에도 들어가지요. 특히 붉은 색을 낼 때에는 깍지벌레를 이용한 코치닐 색소를 넣어요. 대부분은 천연 첨가물이라 하며 화학 첨가물인 타르 색소보다 좋을 거라고 생각하지요. 그 말이 맞을 수도 있어요. 하지만 예뻐 보이거나 맛있어 보이는 색깔을 내기 위해 먹지 않는 것으로 식품 첨가물을 만드는 게 맞는 일일까요? 그것이 과연 깍지벌레와 사람들에게 어떤 영향을 끼칠까요?

세계 보건 기구(WHO)가 뭐야?

국제적인 연합 기구인 세계 보건 기구는 WHO라고도 줄여 말해요. World Health Organization이 정식 명칭이며 유엔에 의해 1948년 4월 7일 설립되었지요. 무려 194개국의 회원국이 가입되어 있어요. 최근 코로나19 바이러스로 인해 많은 관심과 정보 및 여론이 쏟아져나온 곳이기도 해요. 전염병이나 기타 질병에 관한 퇴치 활동도 하고 있기 때문이지요. WHO는 국제위생규칙을 세워 여러 병에 대한 예방, 감시와 보고 및 수집, 연구를 하고 있으며 각 나라에 전문가를 파견하거나 의료기구 및 약품을 공급하는 역할도 담당하고 있어요. 팬데믹(감염병 세계적 유행)을 판단하여 가장 주의를 기울이고 활동하며 신종 전염병이 등장할 때마다 여론에 가장 많이 활동하는 곳이기도 하지요.

흐르는 대로 흘러갔을 뿐!

해파리

해파리는 몸의 95퍼센트가 물로 된
몸 구조가 단순한 원시적인 동물이다.
촉수에 먹이가 붙으면 독을 쏴 죽인 후 먹는다.
해파리의 독은 상당히 치명적이라
잘못 쏘이면 사망에 이를 수도 있다.

진짜 해파리

나도 플랑크톤이야

하늘하늘 아름다운 내 몸 좀 봐. 하얀 날개 같기도, 연기 같기도, 우산 같기도, UFO 같기도 하다고? 그런 이야기는 너무 많이 들어서 이제 좀 지겹군, 후훗! 대부분 '해파리' 하면 둥근 머리에 하얀 실 같은 게 많이 달린 모습을 떠올리겠지만 사실 우리 해파리의 모습은 엄청 다양해. 크기가 1밀리미터밖에 안 되는 녀석도 있고 1미터가 넘는 녀석도 있어. 사자 갈기를 닮은 해파리도 있고 뱀처럼 기다란 해파리도 있고.

흐물흐물 움직이는 걸로 봐서 헤엄치는 힘도 약할 것 같다고? 아니라고 하고 싶지만 그래, 맞아. 나는 보통 내 힘으로 물속에서 헤엄칠 수가 없어. 일단 내 몸은 비어 있어 몸을 접었다 폈다 하며 어느 정도 움직인다고 해도 크게 변화를 주지는 못하고 주로 물살에 따라 움직이거든. 급한 일도 없으니 이리저리, 바다의 흐름 따라 움직이는 것도 나쁘지 않아. 내가 동물이나 물고기라고 생각할지도 모르겠는데, 이렇게 스스로 움직이지 못하거나 미세하게 움직이는 생물은 보통 플

랑크톤이라고 불러. 난 그중에서도 동물 플랑크톤에 속하지. 좀 더 정확하게는 강장동물이야. 그러니 나 역시 플랑크톤이라고.

먹을까, 응가할까?

내 몸을 봐서 알겠지만 난 좀 단순하게 생긴 편이야. 물에 떠다니다가 촉수에 먹이가 붙으면 알아서 독침이 나가. 그렇게 촉수에 닿아 마비된 어린 물고기나 플랑크톤을 먹지. 먹이를 먹은 후 소화가 되면 다시 입으로 배설물을 뱉어. 우리는 입과 항문이 같기 때문이야.

우리 해파리가 무려 5억 년 전에도 살았다는 걸 알고 있어? 공룡보다도 훨씬 오래전부터 있었던 거야. 그때도 우리의 모습은 지금과 비슷했대. 우리를 보고 원시적인 생물이라고 하는 이유도 눈이나 코, 귀 등의 다양한 기관이 없고, 오

랫동안 멸종하지 않고 살아남았기 때문일 거야. 어떤 사람들은 우리가 영원히 산다고 하는데, 작은보호탑해파리 같은 종에게는 가능한 일이야. 그 녀석들은 옷을 갈아입듯 몸을 감싸고 있던 투명한 몸을 벗어던지고 다시 번데기와 같은 어린 시절로 다시 돌아갈 수가 있거든. 병에 걸리거나 잡아먹히지 않는다면 말이야. 한국에서도 발견된 적이 있다고 하는데, 혹시 너희도 바닷속을 헤엄치다가 5억 년 전에 살았던 해파리를 만나게 될 지도 모르지!

악한 녀석이 된 해파리

나는야 방랑자, 흐르는 대로 흘러갔을 뿐인데……

우리 해파리 중에는 독이 없는 종도 있지만 대부분은 독이 있어. 아까도 말했지만 나는 헤엄을 친다고 해도 바다가 흐르는 대로 따라가기 때문에 이리저리 방랑자처럼 여행을 다니거든. 그러다가 내 앞을 가로막는 물체나 생물이 나타나면 나도 모르게 촉수를 휘두르게 돼. 나를 보호하려면 어쩔 수 없는 일 아니겠어?

그런데 사람들에게는 이게 문제가 되었나 봐. 해수욕장에 놀러 온 사람들이 우리 해파리에 쏘였다고 난리가 난 거야. 죽는 사람까지 생겼으니 우리가 악한 녀석이 되는 건 순식간이었어. 해파리가 눈에 잘 띄지 않는 한국의 해수욕장에 나타난 거였으니까 뭐 그럴 만도 해. 또 사람들이 만들어 놓은 발전소의 물길을 막기도 하고 어부들이 쳐 놓은 그물에 함께 잡혀서 다른 물고기들을 손상시키기도 했으니까. 사람들은 점차 나 같은 방랑자를 반기지 않는 것 같았어. 하지만 우리는 그냥 바다의 흐름을 따라 갔을 뿐이야. 우리가 쉴 만한 바위 등 딱딱한 곳이 사람들이 있는 곳 주변에 많았을 뿐이고. 몰랐어? 방파제나 사람들이 만들어 놓은 구조물 등은 우리 해파리가 달라붙어 지내기 좋다는 걸?

그만 좀 먹으라고?

 우리의 주식은 플랑크톤이야. 그런데 요즘은 우리가 플랑크톤을 너무 먹어서도 문제라고 한다며? 한꺼번에 원래 살던 서식지를 벗어나 생태계를 파괴하고 있어서 문제라고도 하고. 그렇지만 어쩔 수 없잖아? 여기저기 흘러들어 가는 이유는 지구 온난화나 해양 오염 때문인 걸? 더운 지역에만 있던 우리 해파리들이 자꾸 북상을 하게 되는 거지. 그렇게 점차 북상하면서 먹을 것이 부족해 보이는 대로, 닥치는 대로 먹는 것뿐인데 그게 그렇게 잘못된 거야? 우리의 천적이 별로 보이지 않아 나름 편하기도 했고 말이야. 너희도 우리 해파리 중 일부 종을 잡아먹으면서 우리더러는 먹이를 먹지 말아야 한다니. 너희는 그냥 별미로 우리를 잡아먹는 거겠지만 우리는 살기 위해 꼭 먹어야 한다고!

생각해 봐!

해파리의 대표적인 천적은 바다거북이에요. 바다거북은 피부도 두껍고 해파리 독에 특별한 반응을 하지 않기 때문에 해파리를 아주 맛있게 먹는답니다. 하지만 요즘은 바다거북이 바다에 떠다니는 비닐이나 풍선을 해파리로 잘못 알고 먹다가 죽기도 해 개체수가 줄고 있어요. 그 외에도 쥐치, 용치놀래기, 개복치 같은 물고기도 해파리를 잡아먹는 바다 생물이에요. 가끔 그 물고기들도 모두 비닐을 해파리로 오해해서 먹고 죽기도 해요.

해파리에 쏘였을 경우 할 수 있는 여러 응급 처치 방법이 알려져 있어요. 하지만 전문가마다 견해가 조금씩 다르기도 하고 해파리의 종류가 워낙 다양해서 명확하게 어떻게 하라는 말을 하기는 어렵다고 해요. 그만큼 독의 종류도 다양한 거지요. 하지만 우리가 응급처치 방법을 알고 해독제를 만드는 일보다 중요한 일은 바다거북을 지키는 일은 아닐까요?

동물 플랑크톤이 뭐야?

플랑크톤은 보통 광합성을 할 수 있는 식물 플랑크톤과 그렇지 않은 동물 플랑크톤으로 나눠요. 해파리는 광합성을 못 하는 동물 플랑크톤에 속하고 그 중에서도 강장동물에 속하지요. 강장동물은 다세포 동물이기는 하지만 몸의 구조가 간단하고 진화가 덜 된 동물들을 뜻해요. 대부분 바다에 살고 있답니다.

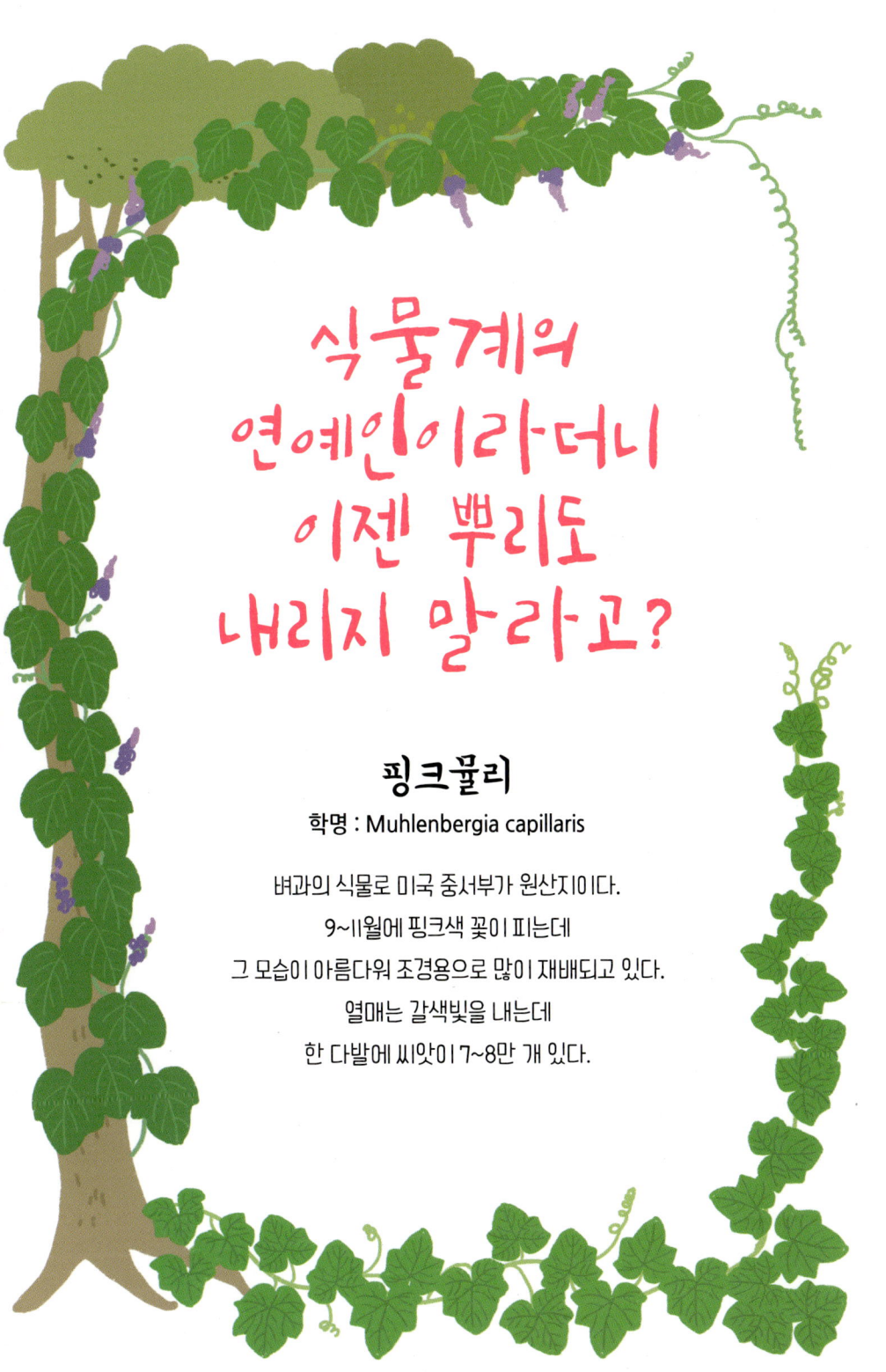

식물계의
연예인이라더니
이젠 뿌리도
내리지 말라고?

핑크뮬리
학명 : Muhlenbergia capillaris

벼과의 식물로 미국 중서부가 원산지이다.
9~11월에 핑크색 꽃이 피는데
그 모습이 아름다워 조경용으로 많이 재배되고 있다.
열매는 갈색빛을 내는데
한 다발에 씨앗이 7~8만 개 있다.

진짜 핑크뮬리

나? 벼랑 친척이야!

내 모습 좀 볼래? 키가 삐죽하니 벼를 닮기도 하고 갈대를 닮기도 했다고? 맞아, 난 벼과에 속하는 식물로, 벼와 친척이라고 할 수 있지. 우리 이름을 한글로 바꾸면 '분홍쥐꼬리새'라고 하던데, 어때? 이름과 잘 어울려? 원래 내가 살던 곳은 미국의 서부와 중부야. 그곳은 보통 따뜻하고 넓은 평야가 펼쳐진 곳이지. 사방이 트여 있고 햇빛이 잘 드는 곳이 살기에 좋긴 하지만 사실 난 척박한 땅에서도 잘 자라는 편이야. 습해도 건조해도 잘살 수 있지. 나는 보통 친구들과 함께 한곳에 뭉쳐서 자라나. 서로서로 뭉쳐 있어야 튼튼하고 쑥쑥 잘 자라는 것 아니겠어? 심심하지도 않고 아름답기까지 하니까!

분홍 부분은 꽃이게, 아니게?

'꽃' 하면 어떤 모습이 가장 먼저 떠올라? 장미처럼 봉우리가 있고 커다란 꽃잎이 붙은 모습? 벚꽃처럼 작은 꽃잎이 송이송이 붙어 있는 모습? 나는 일반적인 꽃 모양과 좀 달

라. 작은 데다가 납작하거든. 마치 벼처럼 긴 꽃대 하나에 여러 꽃이 이삭 모양으로 피니까. 꽃을 받치고 있는 줄기도 얇고 긴 털 모양이어서 꽃이 더 가늘어 보여. 꽃이 피기 전에 우리의 모습은 그냥 초록색 풀일 뿐이지만 꽃을 틔우면 완전히 다른 모습으로 바뀐단다. 마치 핑크 세상처럼!

　우리는 낱알 같은 열매도 맺는데 보통 갈색이야. 한 다발에 종자가 7~8만 개나 있지.

약한 녀석이 된 핑크뮬리

식물계의 연예인이었는데……

우리 핑크뮬리는 자연스럽고도 선명한 분홍빛으로 사람들의 인기를 독차지하고 있어. 특히 가을 즈음에 마치 분홍 물결을 이루는 것처럼 바뀌는데 이런 특별함 때문인지 한국에서는 2014년 처음 소개되었어. 제주도 공원이나 여러 사유지 등에서 우리를 심기 시작했는데

최근 국립 생태원에서 한 생태계 위해성 평가에서 우리 핑크 뮬리가 2급 판정이 나왔다더라? 앞으로 대한민국 생태계에 우리 때문에 어떤 해로운 일이 생길지도 모르니 주시해서 봐야 한다는 거야.

  우리가 바람에 종자를 날릴 수 있어서 어디든 싹을 틔울 수 있기 때문에 사람들은 우리가 다른 식물들을 위협할 수 있다고 생각하나 봐.

하지만 자연적으로 씨를 뿌려 틔운 사례는 거의 없고 또 몇몇 나라에서는 한국에서와는 반대로 멸종 위기 보호종이 되어 있기도 해서 우리가 정말 해가 되고 있는 건 아니라고 생각해. 그렇지만 한국에서는 어떤 일이 일어날지 모르니까 2급 판정을 내리고 현재까지 열심히 조사하고 있나 봐. 어쨌거나 특별한 아름다움으로 우리 핑크뮬리가 이미 전국 곳곳에 심어지고 있는 건 사실이니까.

생각해 봐!

핑크뮬리는 특별한 아름다움으로 사람들의 눈길을 사로잡은 꽃이에요. 관광 명소인 제주도가 가장 먼저 대량으로 핑크뮬리를 들여오게 된 것도 이런 이유 때문이겠지요. 제주의 한 생태 공원에서 심은 것을 처음으로 점차 전국에서 심었어요. 그런데 몇 년이 흐르고 나서야 생태계 위해성 2급 판정을 받은 거랍니다. 어쩌면 핑크뮬리가 지금처럼 전국에 심어지지 않았다면 등급을 매길 필요도 없었을 거예요. 외래종으로 분류되는 핑크뮬리를 외국에서 처음 들여올 때 여러 가능성을 생각하고 들여왔다면 어땠을까요? 다만 최근 한 연구 결과 핑크뮬리가 우리나라에서 자연적으로 번식을 할 정도로 겨울에 강하지 않다는 의견도 있어요. 핑크뮬리를 잘 연구하지 않았기 때문에 위해성 논란이 생겼다는 거죠. 앞으로 핑크뮬리는 정말 우려한 상황처럼 번져 나가게 될까요? 아니면 관광 자원으로서 자리를 잡게 될까요?

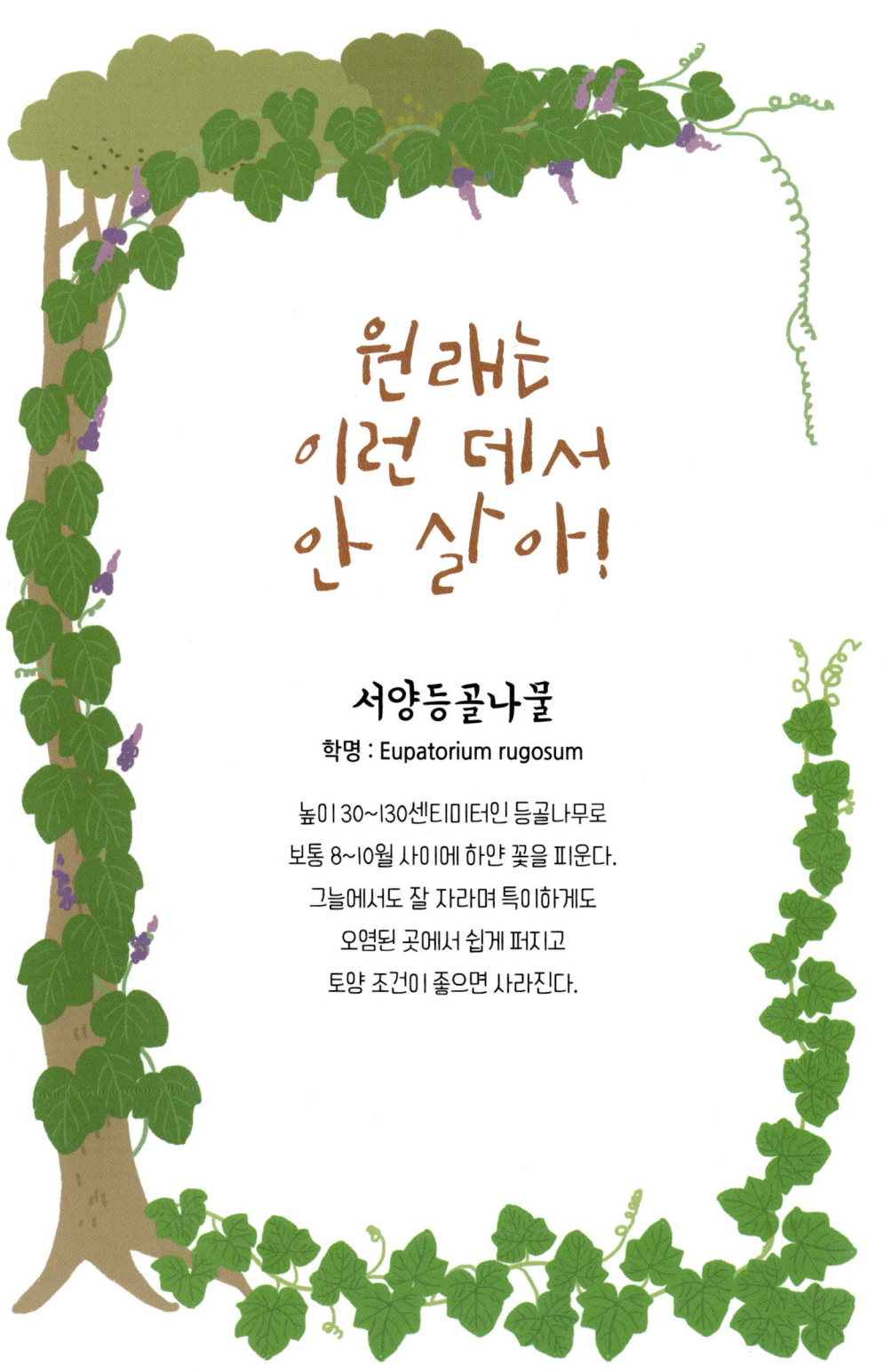

진짜 서양등골나물

진짜 나물 아님 주의!

안녕? 나는 서양등골나물이라고 해. 내 고향은 북아메리카야. 진짜 이름은 유퍼토리엄 루고섬 하우트(Eupatorium rugosum Houtt)인데 한국에서는 '미국등골나물'이라고도 부르더라?

내 이름에 '나물'이 붙어 있다고 나를 먹을 수 있는 나물로 알면 곤란해. 난 먹지 못하는 하얀 꽃이 피는 식물이니까. 나물도 아니면서 왜 이름이 그러냐고? 내가 한국에 살고 있던 등골나물과 비슷하게 생겨서 그렇대. 물론 내가 더 화려하게 생기긴 했지만.

내 꽃 보여? 하얗게 반짝반짝, 빛이 날 것 같지 않니? 요정들이 쓰는 화관처럼 생기기도 했지? 작은 데다가 서로 뭉쳐서 피기 때문에 꽃다발처럼 보이기도 하지. 우리 서양등골나물의 꽃은 대부분 햇볕이 따뜻하게 내리쬐는 곳에서 자라나지만 그늘진 곳에서도 잘 자라. 그래서 나를 길가나 공터에서도 볼 수 있고 깊은 산속에서도 볼 수 있는 거야.

약한 녀석이 된 서양등골나물

난 원래 척박한 땅에서만 사는데……

우리 서양등골나물이 대한민국에서 처음 발견된 건 1978년 서울 남산에서였어. 이우철, 임양재 박사님이 발견했는데, 그 후로 서울을 중심으로 우리가 많다는 것을 알게 되었대. 연구자들은 한국 전쟁 당시 미군의 군수 물자와 함께 들어온 것으로 추정하고 있다고 해.

그러다 1986년, 우리 서양등골나물은 '아름답다'는 이유로 서울 아시안 게임을 앞두고 서울 곳곳에 많이 심어졌어. 특히 가로변에 마구 심어졌는데, 이때 바람을 타고 씨들이 급속도로 퍼졌다는 이야기가 있어. 처음에는 남산에서만 발견되었지만 이제는 북한산에서도, 경기도 성남이나 광주에서도 볼 수 있으니까.

우리를 처음 발견한 이우철 박사님의 말씀에 따르면, 우리는 토양이 척박하고 생태계가 파괴된 곳에 쉽게 퍼지는 경향이 있다고 해. 토양 소건이 좋아지면 사라지는 특징도 있다고 하고. 이게 뭘 의미하는 건지 잘 생각해 보라고! 우리가 널리

퍼지게 된 게 과연 우리만의 탓이라고 할 수 있겠어?

우유 중독증을 일으킨다고?

　우리 서양등골나물은 원래 고향인 북미 지역에서도 별로 좋아하지 않아. 천덕꾸러기 같은 신세지! 내가 '우유 중독증'을 일으키는 식물이기 때문이래. 북미 지역에서는 소나 염소를 키우는 농장 근처에 우리 서양등골나물이 있었던 게 문제

가 된 거야. 소나 염소가 우리를 먹으면 몸속에서 독소를 생성하는데 그 독성 물질이 사람이 먹을 우유로 빠져나가서 그 우유를 먹은 사람에게 아주 안 좋은 병이 생기는 거지. 이 병을 '우유 중독증'이라고 해. 실제로 링컨 대통령의 어머니가 이 우유를 마시고 사망했다는 이야기가 있어. 그러려고 한 건 아니지만 어쨌든 사람이 죽었으니, 우리는 정말 없어져야 하는 존재인 걸까?

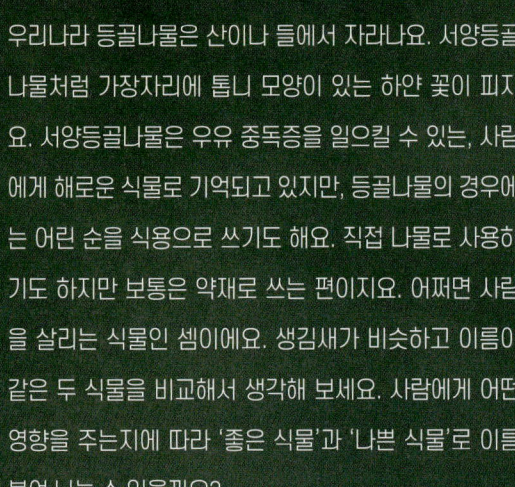

생각해 봐!

우리나라 등골나물은 산이나 들에서 자라나요. 서양등골나물처럼 가장자리에 톱니 모양이 있는 하얀 꽃이 피지요. 서양등골나물은 우유 중독증을 일으킬 수 있는, 사람에게 해로운 식물로 기억되고 있지만, 등골나물의 경우에는 어린 순을 식용으로 쓰기도 해요. 직접 나물로 사용하기도 하지만 보통은 약재로 쓰는 편이지요. 어쩌면 사람을 살리는 식물인 셈이에요. 생김새가 비슷하고 이름이 같은 두 식물을 비교해서 생각해 보세요. 사람에게 어떤 영향을 주는지에 따라 '좋은 식물'과 '나쁜 식물'로 이름 붙여 나눌 수 있을까요?

귀화 식물이 뭐야?

외래 식물이라고도 해요. 우리나라에 들어와 토종 식물과 경쟁하거나 공생하며 살고 있는 식물을 뜻하지요. 우리나라의 귀화 식물은 국화과, 벼과, 콩과, 배추과 등인데 대부분 아름다워서, 먹기 위해서, 사람들이 필요로 해서 수입됐어요. 서양등골나물은 물론, 붉은서나물, 서양민들레, 망초, 양미역취 등 많은 종류가 있지요. 재미있는 것은 생태계 교란 식물의 대부분은 사람들이 많은 도심이나 이미 생태계가 많이 훼손되어 있는 곳에 대부분 모여 있다는 점이지요.

서양등골나물 외 귀화 식물 중에서 돼지풀 종류는 사람에게 직접적으로 좋지 않다고 밝혀졌어요. 돼지풀 꽃가루에서 '알레르겐'이라는 물질이 많이 나오는데, 이 물질이 알레르기나 천식, 아토피, 결막염 등을 일으키기 때문이라고 해요.

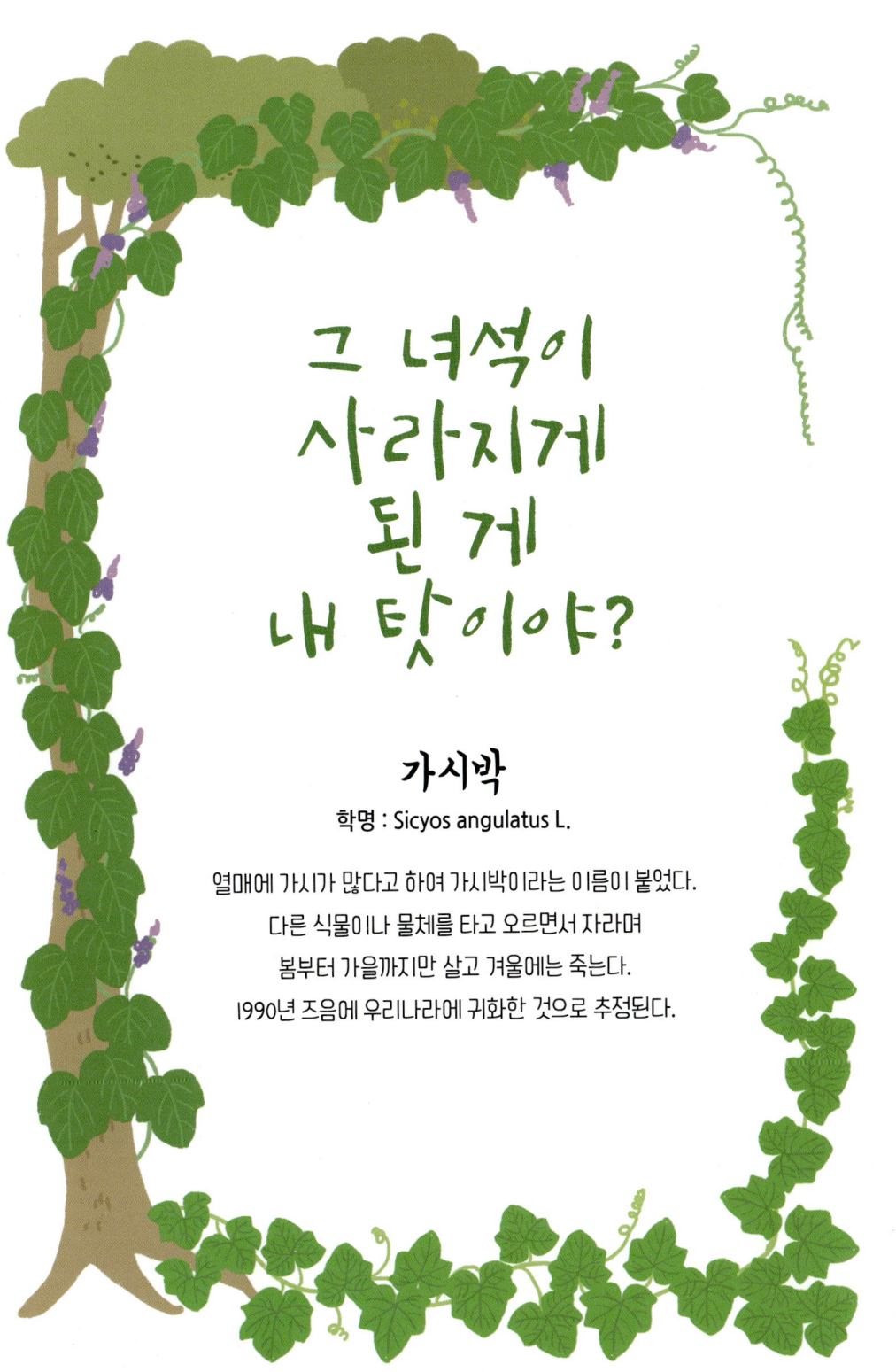

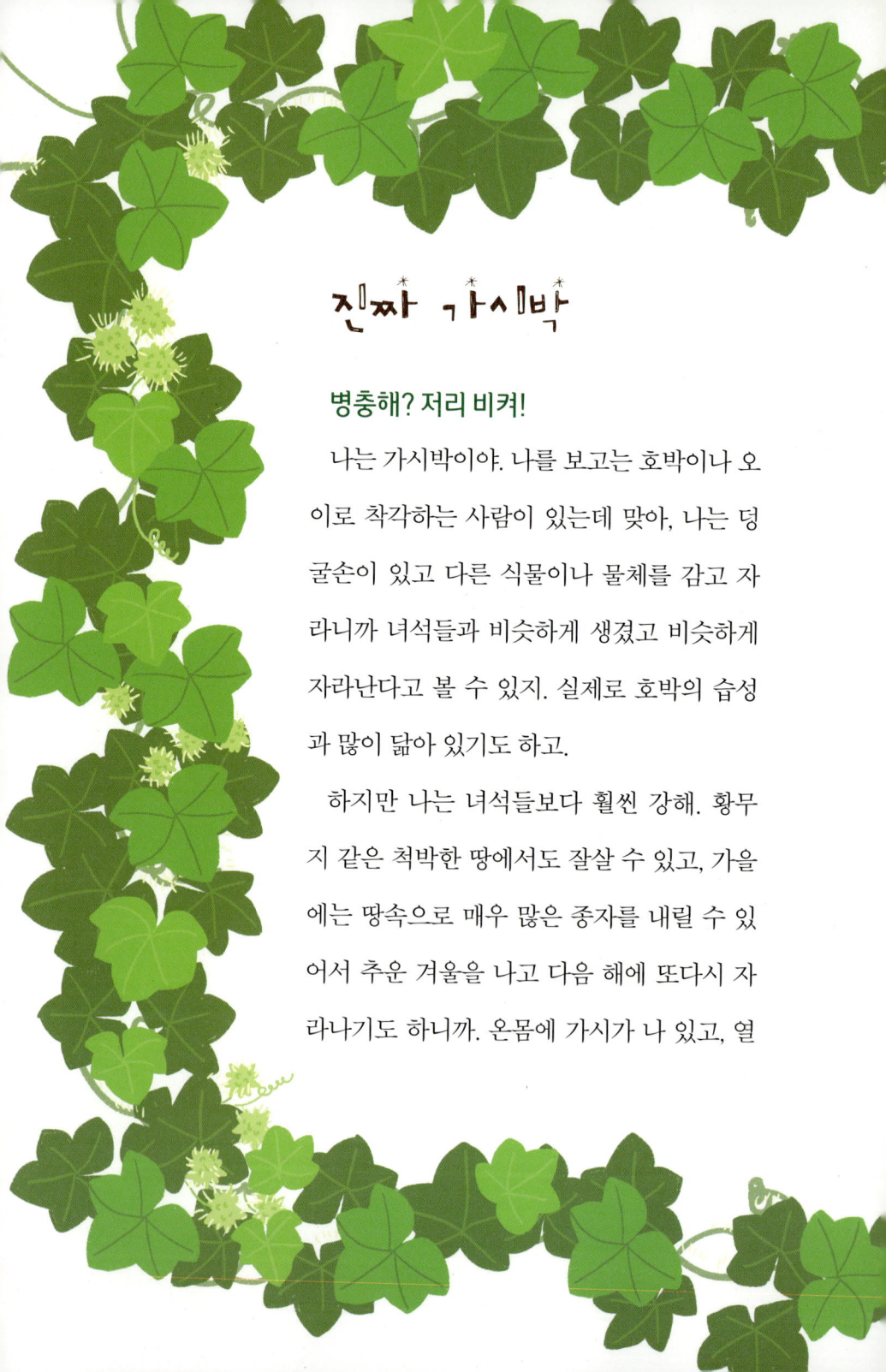

진짜 가시박

병충해? 저리 비켜!

나는 가시박이야. 나를 보고는 호박이나 오이로 착각하는 사람이 있는데 맞아, 나는 덩굴손이 있고 다른 식물이나 물체를 감고 자라니까 녀석들과 비슷하게 생겼고 비슷하게 자라난다고 볼 수 있지. 실제로 호박의 습성과 많이 닮아 있기도 하고.

하지만 나는 녀석들보다 훨씬 강해. 황무지 같은 척박한 땅에서도 잘살 수 있고, 가을에는 땅속으로 매우 많은 종자를 내릴 수 있어서 추운 겨울을 나고 다음 해에 또다시 자라나기도 하니까. 온몸에 가시가 나 있고, 열매와 열매 송이에도 긴 가시가 나기 때문에 병충해에도 강한 편이지. 나를 건드리지 못하는 거야, 하하!

　내 씨앗은 동물들의 털에 붙어 먼 곳까지 이동할 수도 있어. 바람을 타는 것처럼 날아 멀리 이사를 갈 수 있지. 우리는 땅속에 숨어 있다가 기후나 상황이 좋아지면 그에 따라 싹을 틔우기도 할 만큼 똑똑하다고.

손에 손 잡고

　앞에서 말한 것처럼 우리 가시박은 결코 혼자가 아니야. 길게 자라면 5미터까지 자라는 덩굴로 서로서로 옆 덩굴의 손을 맞잡고 멀리멀리 뻗어 나가지. 정말 잘 자랄 때면 하루에

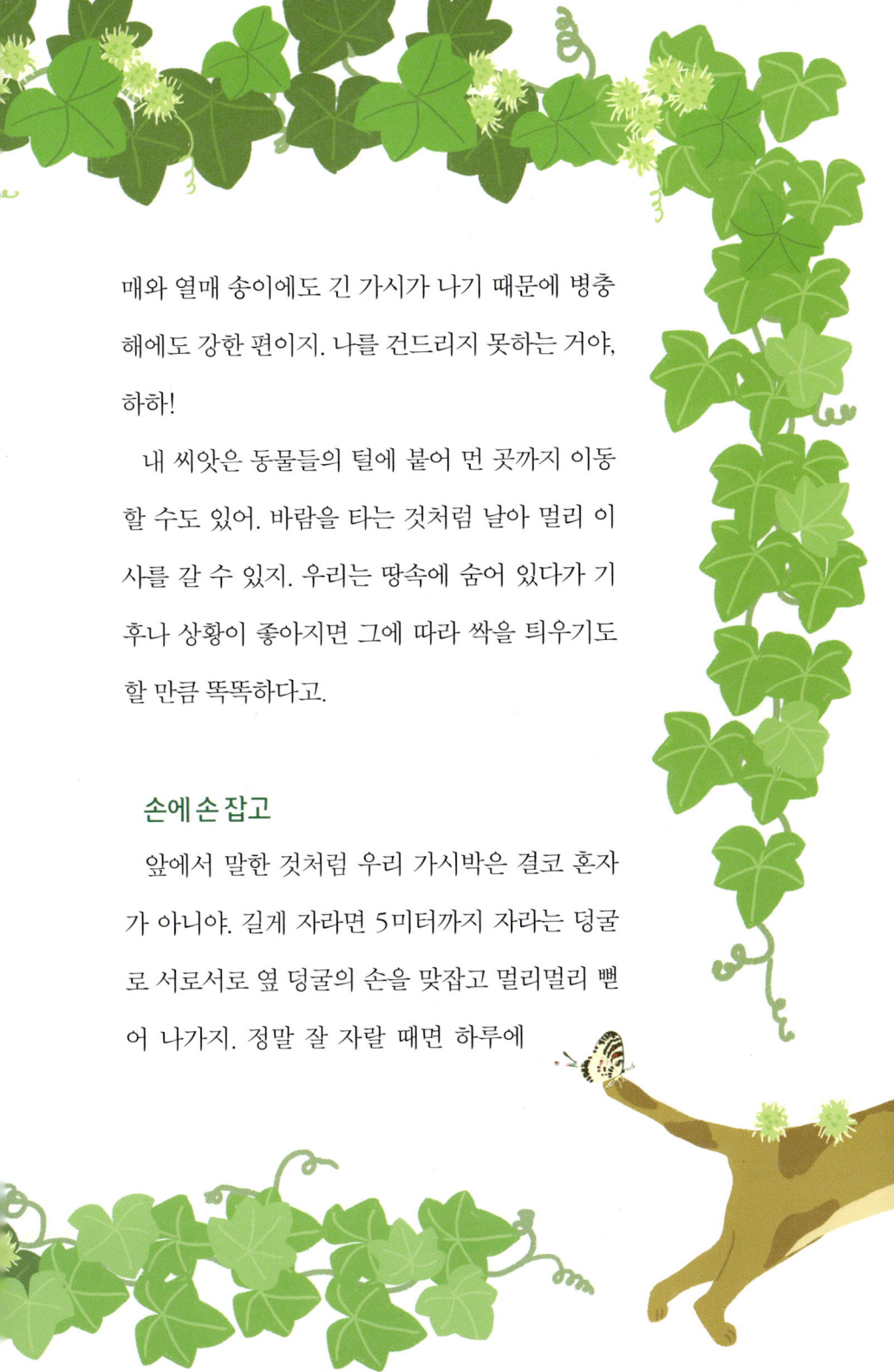

30센티미터까지 자라난다고. 봄부터 시작해서 겨울이 되기 전까지는 계속해서 싹을 틔우고 꽃을 피우고 씨앗을 만들고, 끊임없이 반복하지. 그렇게 날마다 우리는 그저 열심히 살아갈 뿐이야. 그건 당연한 거 아니겠어?

약한 녀석이 된 가시박

그 녀석이 사라지게 된 건, 나도 어쩔 수 없었어!

내가 한국에 들어오게 된 건 이 끈질긴 생명력 때문이었어. '접목'이라고 해서 나무와 나무를 합치는 기술이 있거든? 이걸 하면 서로의 좋은 점을 주고받게 되어 더욱 편하고 건강하게 자랄 수 있지. 내가 병충해에 강하다는 장점 때문에 호박, 수박 등 박과 식물들과 접목하기 위해 사람들이 한국으로

들여오게 된 거지. 그게 1980년대 후반이었어. 보통 우리 가시박은 물을 따라 씨앗을 이동시키기도 해서 하천 주변에 많이 자리 잡았어. 애초에는 한강 상류인 춘천이나 충주에 있었는데 점차 강을 따라 내려와서 한강 전 주변은 물론, 인천과 강화도에도 뿌리를 내렸지. 한국의 강은 잘 이어져 있어서 이미 4대강 곳곳에 우리 가시박이 자리 잡지 못한 곳이 없단다.

이 때문에 미안하게 된 녀석이 있어. 한국의 토종 식물이라는 '쥐방울덩굴'이야. 쥐방울덩굴이야말로 원래 강 주변에서 살고 있었는데 본의 아니게 내가 녀석들의 사는 곳을 빼앗게 된 거야. 또 미안한 녀석이 있어. 꼬리명주나비야. 쥐방울덩굴이 사라지니, 꼬리명주나비도 점차 사라지게 된 거지. 꼬리명주나비 애벌레가 오로지 쥐방울덩굴만을 먹고

성장한다며? 알도 쥐방울덩굴에만 낳고 평생을 사는데, 먹을 것과 살 곳이 없어지니 그 녀석들도 사라질 수밖에! 우리 가시박 때문에 두 종류 모두 위협을 당한 거지. 하지만 녀석들이 사라지게 된 건, 나도 어쩔 수 없는 일이었어. 난 그저 살던 대로 살았을 뿐이야.

내가 숨 쉬는 것도 문제가 된다고?

대부분 우리 가시박은 덩굴손으로 다른 식물이나 물체를 감은 뒤 점차 자리를 넓혀 가. 하지만 이렇게 하기 위해서는 비밀 능력을 써야 해. 사실 나는 주변에 있는 식물들을 모두 죽일 수 있는 화학 물질 같은 것을 내뿜는 능력이 있거든. 이것을 '타감 작용'이라고 해. 생각해 봐. 나도 살아야 하는데 옆에 있는 다른 녀석이 흙속 영양분을 가져가 버리면 안 되잖아? 그래서 더 빨리, 더 많이 영양분을 먹으려고 노력하기 위해 어쩔 수 없이 타감 작용을 한 것뿐이야. 대한민국에서 쭉 살아온 녀석들도 타감 작용을 하기는 해. 하지만 오랜 시간 동안 살아왔기 때문에 옆의 식물들과도 어느 정도 적응이 되어서 서로 너무 침범하지 않는 정도에서만 타감 작용을 유지하더라고. 그런데 우리는 뭐 여기서 살아 봤어야지. 그러니까 어느 정도 독성을 내뿜어야 옆에 있는 식물이 괜찮은지 모른다는 말이야. 그러다 보니 이런, 우리가 악한 녀석이 되어 있더라고. 우리, 좀 억울하겠지?

생각해 봐!

가시박은 한꺼번에 싹을 틔우는 식물이 아니에요. 잘 자랄 수 있는 환경이 어느 정도 갖춰져야 싹을 틔우기 때문에 보이지 않는다고 해서 진짜로 없어진 게 아니에요. 한 번 싹을 틔웠던 자리에 얼마든지 다시 뿌리를 내리고 또 다시 덩굴을 뻗어 나가지요. 현재는 사실상 제거 자체가 불가능하다고 해요. 1990년대 사람의 이익을 위해 들여온 식물이 이렇게 강변을 몽땅 차지하는 식물로 자리를 잡게 된 것이지요. 실제로 성장이 워낙 빠르기도 하고 다른 식물을 감고 올라타서 광합성을 못 하게 방해하기도 하니 문제가 된답니다. 더구나 4대강 사업을 위해 강 주변을 개발하면서 강변 생태계가 단순화되어 식물들의 조절력에도 영향을 주었어요. 어떻게 해야 강변 생태계를 예전처럼 돌릴 수 있을까요? 가시박만 제거한다고 해서 해결될 문제일까요?

타감 작용이 뭐야?

식물에서 화학 물질이 만들어져서 주변 식물을 죽이거나 성장하지 못하게 방해하는 작용을 말해요. 때로 자신에게 도움이 되는 식물이면 오히려 성장을 더 촉진시키기도 하는데, 그때에도 타감 작용을 했다고 말합니다. 1937년에 오스트리아 출신 식물학자인 한스 몰리슈라는 사람이 처음 쓴 말이라고 해요. 타감 작용을 하는 대표적인 식물로는 가시박 외에도 소나무, 단풍나무 등이 있어요. 단풍나무의 경우, 빨간 잎을 떨어뜨려서 다른 식물의 성장을 방해하는데, 이 잎에는 타감 작용을 하는 '안토시아닌'이란 물질이 있습니다.

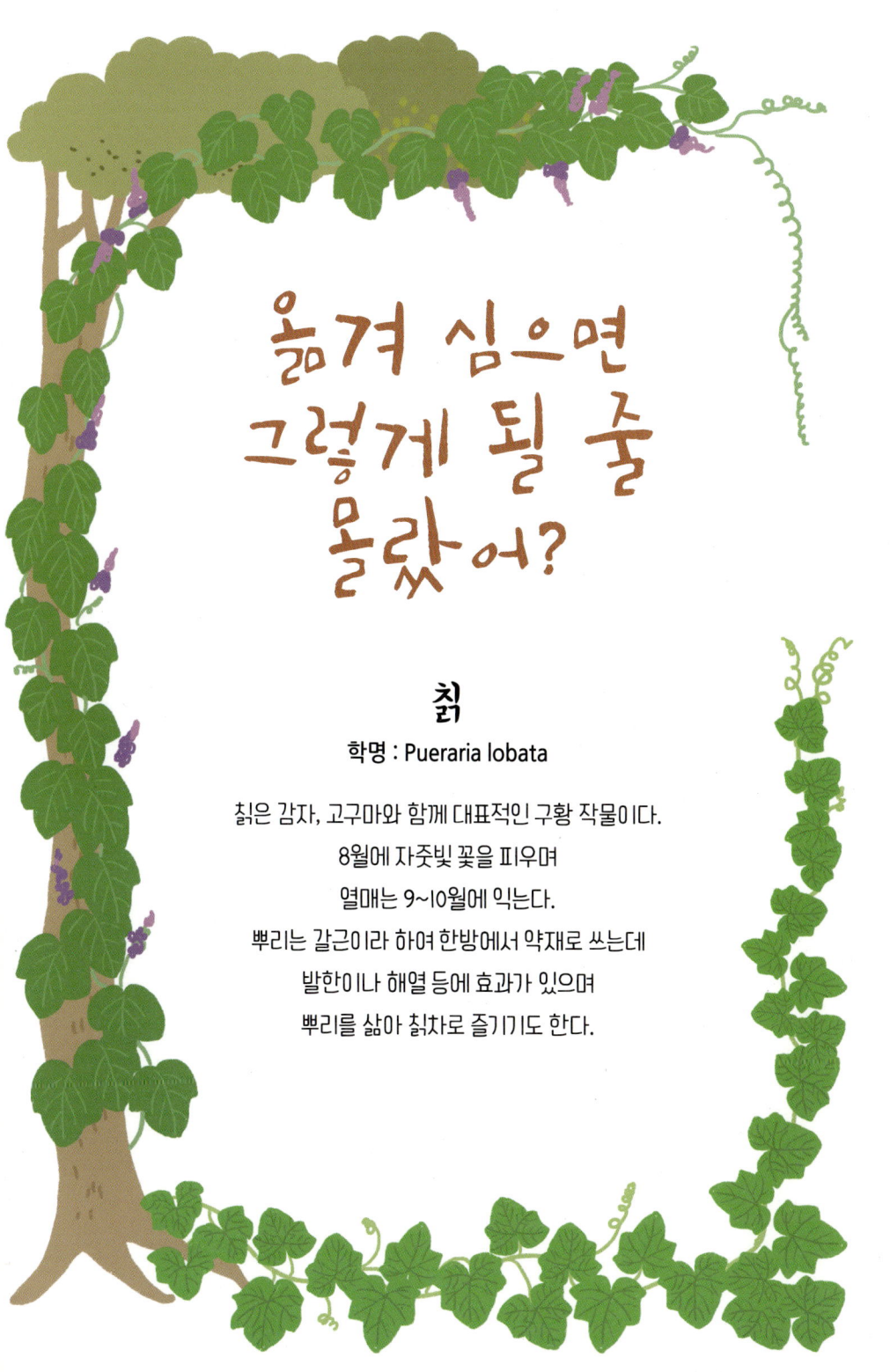

진짜 칡

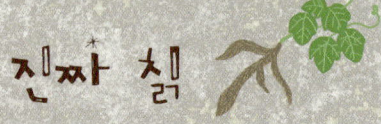

산이면 어떻고 바닷가면 어떠랴!

보통 '칡'이라 하면 뿌리만 떠올릴지도 모르겠군. 너희가 마트에서 흔히 볼 수 있는 모양일 테니까 말이야. 하지만 나도 꽃이 피는 식물이야. 8월 즈음에 나비 모양의 자주색 꽃이 피고, 달콤하고 진한 향기도 나지. 어때? 특별하고 아름답지?

나는 매우 강하고 질겨. 겨울에도 얼어 죽지 않는 데다가 다른 식물이나 물체를 휘감으며 길게 자라나기 때문에 더욱 강하고 질겨진 것 같아. 내가 깊은 숲에서

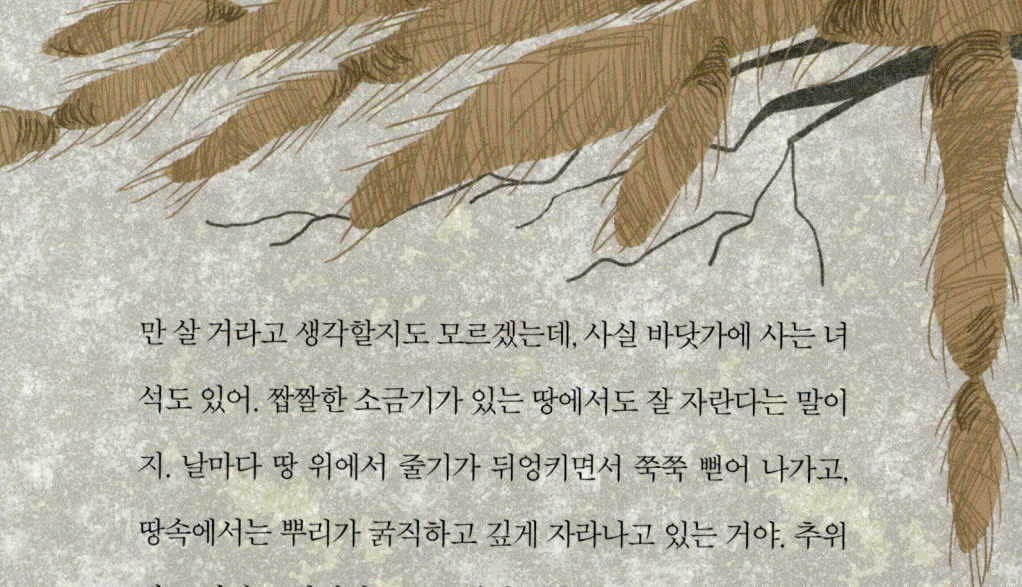

만 살 거라고 생각할지도 모르겠는데, 사실 바닷가에 사는 녀석도 있어. 짭짤한 소금기가 있는 땅에서도 잘 자란다는 말이지. 날마다 땅 위에서 줄기가 뒤엉키면서 쭉쭉 뻗어 나가고, 땅속에서는 뿌리가 굵직하고 깊게 자라나고 있는 거야. 추위에도 강하고 환경적으로도 까다롭지 않다고. 산이면 어떻고 바닷가면 어때? 모두 다 나에게는 살기 좋은 곳이야.

가뢰는 내 친구야

'가뢰'라는 곤충 알고 있어? 딱정벌레처럼 생긴 녀석인데 위험하다고 느끼면 다리에서 노란 액체를 분비하는 고약한 녀석이지. 이 노란 액체에 손이 닿지 않게 조심하는 게 좋아. 왜냐하면 꽤 따가운 데다가 살이 부풀어 오를 테니까. 난 이런 녀석과 친구야. 매우 가깝게 지내는 편이지. 원래 내 몸에는 독성 물질이 있거든. 내 독성 물질을 가뢰가 먹고 가뢰도 독이 생기는 거야. 독이 있는 모든 친구가 그렇듯, 나도 나를 보호하기 위해 그런 걸 지니고 있을 뿐이지. 가뢰도 자기를 방어하기 위해 독을 발사하는 것이고. 때로는 이 독성 물질이 사람들에게 약으로 이용되기도 해. 우리 둘 다 좀 멋지지 않아? 흠흠!

악한 녀석이 된 칡

내 모습이 우락부락하게 바뀌었다고?

우리 칡은 1800년대 말에 바다 건너 미국으로 가면서 미국에서 악한 녀석이 되었어. 왜 건너가게 되었냐고? 단순해, 멋

지다고야! 내가 워낙 튼튼하고 강하니까 비나 바람 등으로 비탈면에 있는 흙이 깎이거나 떠내려가지 않도록 토양을 보전하기 위한 용도도 있었어. 한국에서 우리 칡은 약재로도 환영받고 사람들에게 매우 좋은 음식이 되기도 하지만 미국에서는 아니었어. 미국은 한국처럼 뿌리채소를 잘 먹지 않거든. 아무리 요리법을 연구하고 만들어도 미국인들의 거부감이 계속되었다고 해. 게다가 칡의 특성상 땅속 깊숙이 뿌리를 내리니, 농약으로도 잘 죽지 않고 그저 강한 생명력으로 뻗어 나가기만 했지. 그러다 보니 도로까지 점령하기도 하고 손을 쓸 수 없는 상황들이 생겨나게 된 거지. 우리는 점점 뻗어 나가는데 강하

게 뿌리를 내린 우리를 먹으려는 초식동물도 없었거든. 굴삭기 등으로 긁어 파서 겨우 없애야 했으니 그렇게 우리는 악한 녀석이 되어 버린 거야.

    사실 문제는 우리 칡의 모습이 미국에서는 바뀌게 된 것에 있었을지도 몰라. 미국은 땅이 워낙 광범위하고 해가 잘 들어서인지, 칡의 뿌리가 더 굵어지고 껍질도 더 질겨졌거든! 그러다 보니 맛도 변했지. 그러니 미국에서는 환영을 받지 못할 수밖에!

생각해 봐!

칡은 우리나라에서 '구황 작물'로 먹기 시작한 식물이에요. 구황 작물이란, 흉년 등으로 먹을 것이 없을 때 식사 대용으로 먹을 수 있는 농작물을 말해요. 칡 외에 감자나 고구마, 메밀 등이 있지요. 하지만 20세기에 들어서면서 칡은 구황 작물보다는 약재로 쓰이기 시작했어요. 이렇듯 우리나라에서는 귀한 식재료지만 미국에서는 매우 끈질기고 귀찮은 식물이에요. 원래 살던 곳이 아닌 다른 곳으로 이동하면서 칡의 생태가 달라진 것이 큰 원인이었어요. 미국은 우리나라 생태계와는 달리 끈질긴 생명력을 자랑하는 칡을 적절히 조절할 만한 생물들이 없었던 거예요. 어쩌면 미국에서의 칡은 우리나라의 가시박과 같은 존재가 되어 버린 거죠. 사람들 마음대로 식물을 옮겨가고 심고 키우고. 과연 옳은 일이라고 할 수 있을까요? 수입, 수출 전에 그 생명체의 생태와 환경을 충분히 이해하는 게 필요하지 않을까요?

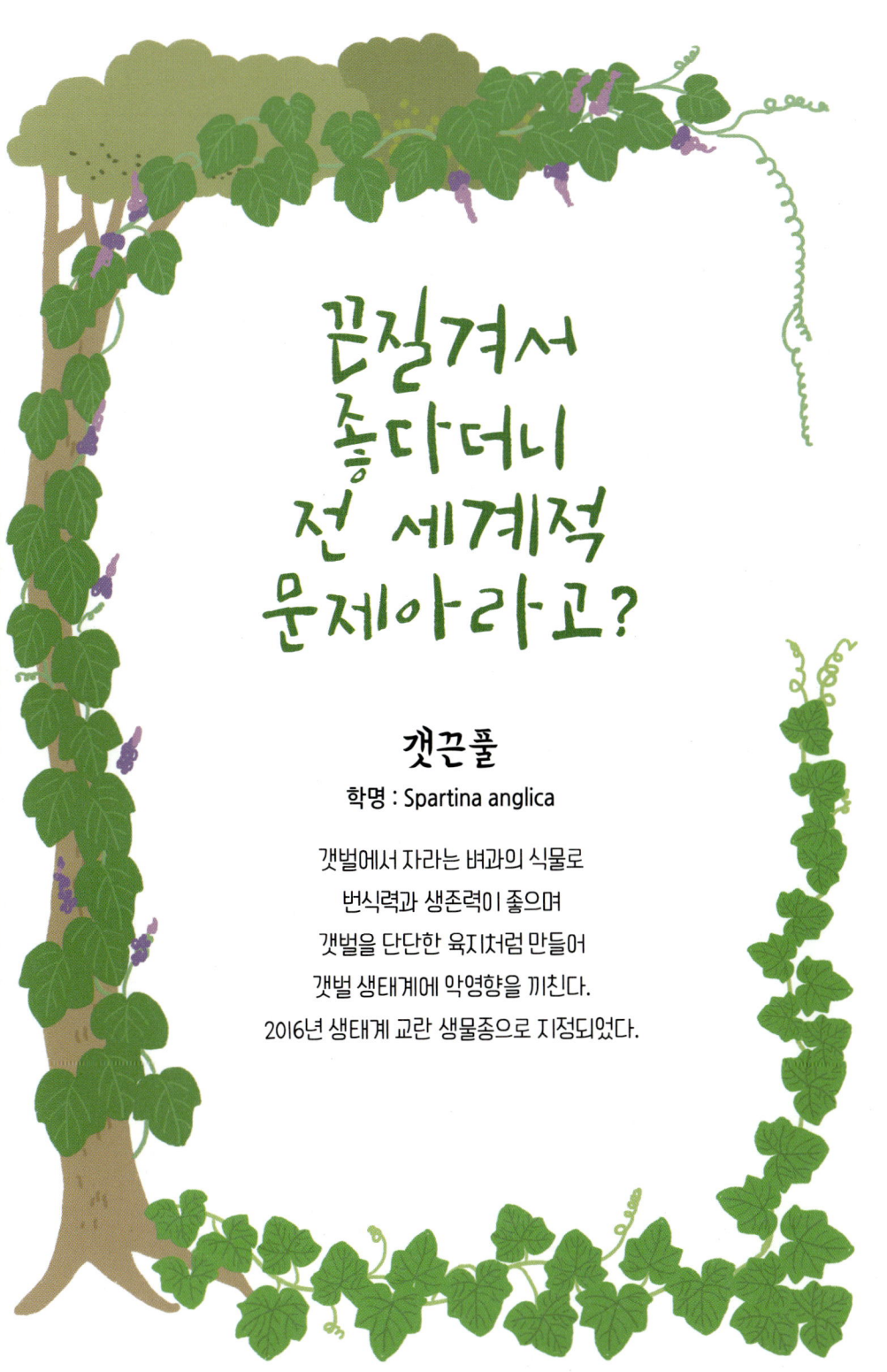

진짜 갯끈풀

나는 파도도 밀어낼 만큼 힘이 세!

안녕? 나는 갯끈풀이야. 영국갯끈풀이 내 진짜 이름이긴 한데 사람들은 짧게 갯끈풀이라고도 불러. 영어로는 코드그라스(cordgrass)인데 'cord'의 뜻이 '끈'인 거 알아? 쉽게 말해서 갯끈풀은 '갯'벌에서 '끈'처럼 '풀'을 만들거나 매고 있다는 의미가 담겨 있지. 맞아, 나는 원래 이름처럼 외국에서 왔어. 원래 내가 사는 곳은 미국의 동부 연안 또는 유럽이나 북아프리카 등 대서양 쪽 연안이야.

내 뿌리를 보면 내 이름과 딱 어울린다고 생각할 거야. 튼튼한 뿌리에 있는 잔뿌리가 계속 땅을 묶으면서 퍼져 나가거든. 그러다 보니 매우 빽빽하게 서로서로 붙어서 지내지. 이렇게 우리끼리 사이가 좋다 보니까 우리는 갯벌에서 파도보다도 힘이 세서 바다를 점차 밀어내고 우리 영역을 단단하게 만들 수 있는 거고. 우리는 바다의 소금기 따위도 무섭지 않다고!

지구 온난화를 막기 위하여

'블루 카본'이라는 말 알아? 연안에서 사는 해양 생태계가 흡수하는 탄소를 말해. 지구 온난화를 막을 새로운 대안인데 여기서 해양 식물이 하는 역할은 어마어마해. 그중 연안 식물의 대표격인 나 갯끈풀도 광합성을 하고 탄소를 흡수하기 때문에 지구의 온도가 올라가지 않도록 돕고 있는 거지. 게다가 우리는 낮은 온도에서도 광합성을 할 수 있어서 꽤 도움이 된다고. 갯벌을 보다가 초록색 초원처럼 모여 있는 곳을 보게 된다면 바로 우리 갯끈풀이라는 것을 잊지 마.

악한 녀석이 된 갯끈풀

갯벌의 암살자가 나라고?

우리가 워낙 빽빽하게 자라다 보니 초원처럼 되는 게 문제가 된다더라? 파도의 힘도 약화시키고 그렇게 해서 땅을 단단하게 하여 갯벌을 육지화한다고 말이야. 그런데 잘 생각해 봐. 이런 우리의 특징 때문에 사람들이 우리를 옮겨심기 시작한 거거든. 1970년 미국 연안의 습지를 살리기 위해 대서양에 있던 우리를 대단히 많이 옮겨 심었어. 중국도 1963년에 침식을 막겠다며 영국이나 미국에서 갯끈풀을 들여왔고. 심을 땐 우리가 좋다더니, 우리의 특징을 잘 몰랐나 봐. 갯벌이 육지로 변하기 때문에 철새도 먹을 것이 없어 찾아오지 않으니 문제가 되기 시작한 거야. 조금 심었을 뿐인데 왜 이렇게 넓게 퍼졌냐며 마구 따지더라고. 우리는 원래 바람과 물을 따라 종자나 뿌리를 이동시키거든. 그러다 보니 2005년 즈음부터 중국 옆에 있는 대한민국에까지 가게 된 거지. 어떤 사람들은 선박의 중심을 잡기 위해 실려 있는 물인 선박 평형수 속에 섞여서 간 거라고도 하고. 어쨌거나 우리는 한 번 자리를 잡기 시작하면 금세 퍼져나가. 그냥 그게 우리의 특징이야. 사는 곳이 갯벌이다 보니 제초제를 쓰면 다른 생태계 동식물들이 걱정이고, 질퍽한 땅에 기계 장비를 들일 수 없어서 제거가 쉽지 않다고 하더군. 그랬더니 사람들이 우리를 생태계 교란 생물로 지정하고 '갯벌의 암살자'라고 부르더라? 난 그저 살기 좋은 곳에 뿌리를 내렸을 뿐인데 말이야.

나도 내가 어디로 갈지 몰라

지금까지의 연구에 따르면 내가 대한민국에서 전라남도 진도를 시작으로 강화도와 충청남도 서천으로 번져 나갔다고 하더라. 더 많이 퍼져 나갔을지도 모르는데 아직 연구가 미흡하다고 하더군. 나도 내가 어디로 갈지 알 수가 없어. 게다가 일반 사람들은 나를 보고 갈대라고 생각하는 모양이던데 우리가 좀 비슷하게 생기긴 했지만 분명 다르다고.

사실 우리를 제거하기 위해 사람들은 발견하는 즉시 여러 가지 작업을 하거든. 낫이나 장비를 이용해서 없애거나 제

초제나 곤충 등을 이용하는 거지. 이중에서 대한민국에서는 대부분 생태계에 피해를 적게 주기 위해 낫이나 장비 등을 이용하여 겨울철 뿌리를 동사시키는 갯벌 뒤집기라는 대응을 하고 있대. 우리 때문에 갯벌이 육지화되어서 조개나 게, 칠면조 같은 토종 염생 식물이 사라졌다고들 하는데 일부러 그러는 건 아니야. 그냥 열심히 살았을 뿐이라고. 그리고 지금도.

생각해 봐!

현재 갯끈풀은 보자마자 반드시 제거해야 하는 대상으로 되어 있어요. 워낙 생명력과 번식력이 강하기 때문이지요. 중국은 양자강 하구에 만리장성처럼 습지를 보호할 성을 쌓아 갯끈풀이 들어오지 못하도록 막는다고 해요. 캘리포니아에서는 여러 기관과 단체에서 어떤 제거 방법이 가장 좋을지 찾는 일에 총력을 기울이고 있답니다.

우리나라 역시 갯끈풀의 확산을 막기 위해 환경을 검토하며 방법을 찾고 있어요. 갯벌에 어장이 워낙 많기 때문에 함부로 화학 물질을 쓸 수도 없고 사람이 직접 들어가 뽑는 것도 쉽지 않기 때문이지요.

그런데 어떤 사람들은 갯끈풀이 자리 잡은 것도 하나의 생태계이니 새로운 구성으로 봐야 한다고 이야기해요. 갯벌에서 초록빛을 내는 갯끈풀이 경관상 보기 좋다는 말도 있고요. 어떤 방법으로 제거하는 게 더 맞는지, 어떤 것을 먼저 고려해야 할지 생각해 볼 문제가 아닐까요?

블루 카본이 뭐야?

지구 온난화가 심해질수록 환경 보호에 대한 관심은 높아져요. 때문에 온실가스로 알려진 이산화탄소를 빨아들이고 산소를 내뿜는 나무를 많이 심어야 한다는 것은 모두 잘 알고 있을 거예요. 이렇게 나무나 숲 등이 흡수하는 탄소를 그린 카본이라고 해요. 블루 카본은 바다의 해양 생태계가 흡수하는 탄소를 말하고요.

공기 중에 있는 탄소가 지구 온난화를 일으키는 만큼 탄소를 줄이는 게 중요한데 마치 숲의 나무들이 탄소를 흡수하는 것처럼 바다의 생물들도 그렇다는 것이지요. 연안에서 살고 있는 식물이나 퇴적물이 탄소를 흡수하는데 이것은 나무가 빨아들이는 것보다 약 50배 더 많이 흡수한다고 해요.

블루 카본의 자원인 해양 식물은 대표적으로 해초, 맹그로브, 염습지와 갯벌 식물인데 특히 갯벌 식물은 많은 탄수를 흡수할 수 있어요.

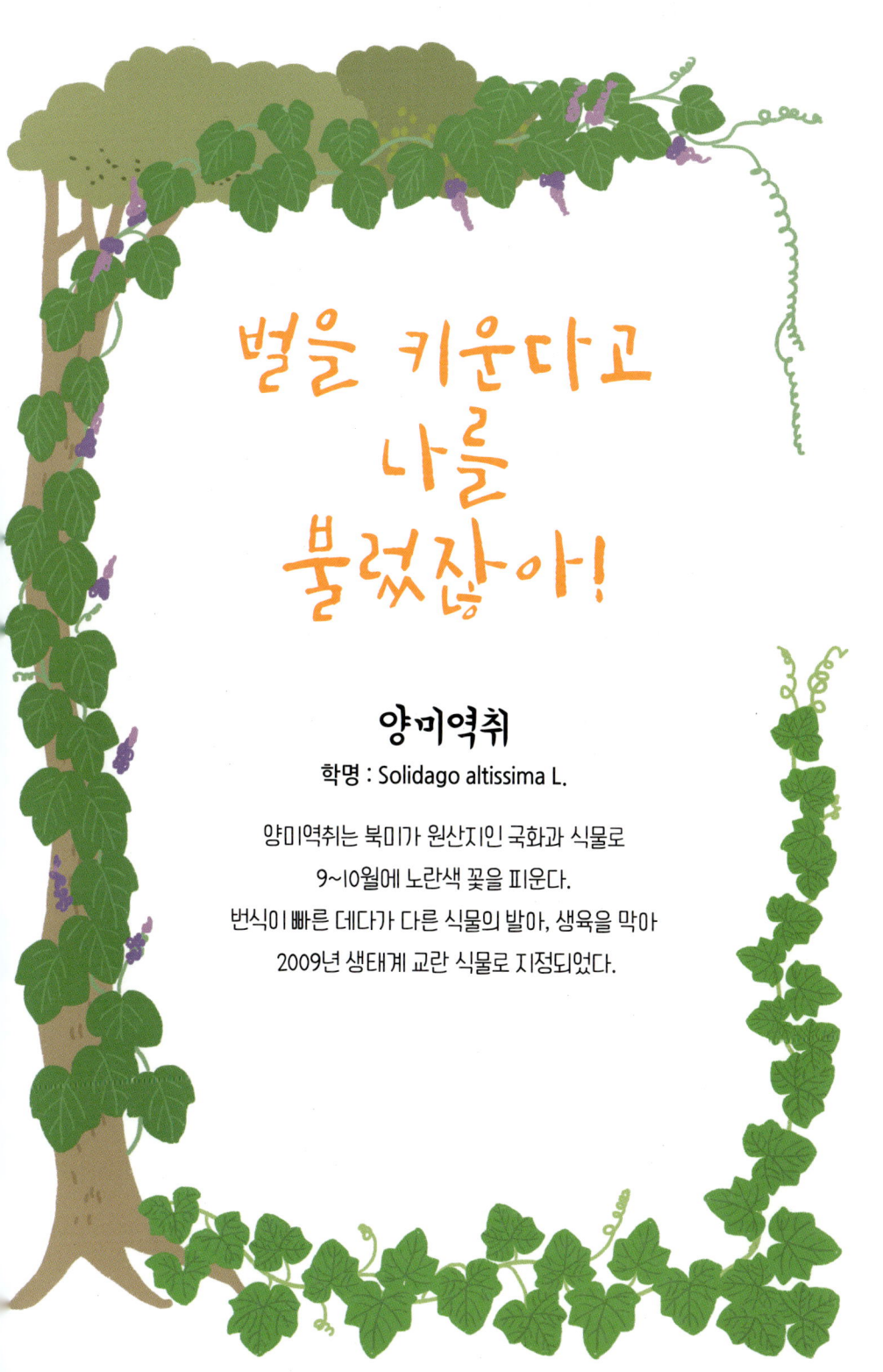

벌을 키운다고 나를 불렀잖아!

양미역취
학명 : Solidago altissima L.

양미역취는 북미가 원산지인 국화과 식물로 9~10월에 노란색 꽃을 피운다. 번식이 빠른 데다가 다른 식물의 발아, 생육을 막아 2009년 생태계 교란 식물로 지정되었다.

진짜 양미역취

나는 파리가 하는 일을 알고 있다

산에 갔을 때나 길을 걸을 때 나를 본 사람이 아마 많을 거야. 나는 양미역취라고 하는데 눈에 띄는 노란 꽃을 틔우거든. 보통 꽃들하고 비슷하다고 생각하면 섭섭해. 나는 좀 특이하거든. 쉽게 말하자면 나는 냄새를 맡을 수 있다고나 할까?

항상 나에게 와서 알을 낳으려는 파리가 있어. 잘 날지도 못하는 녀석이니까 어쩌면 내 주변에 사는 것인지도 몰라. 어쨌든 수컷이 꼭 나에게 와서 자기 냄새를 묻히며 암컷을 유혹해. 짝짓기를 하고 나면 암컷은 내 줄기 안에다가 꼭 알을 낳더라? 그러면 내 줄기에 혹이 생긴다고! 내가 알 낳는 것까지는 어떻게 막을 수 없지만 나도 나름대로 방어를 해. 생각해 봐. 알에서 애벌레들이 태어나면 내 줄기와 잎을 얼마나 뜯어먹겠어? 그러다 보면 나도 병이 들잖아. 수컷 파리의 냄새를 덜 묻히게 하면 파리의 알이 부화하는 걸 절반 이하로 줄일 수 있어. 나는 코도 없는데 어떻게 그럴 수 있냐고? 음, 글쎄. 사람과 식물은 다르게 생겨서 설명하기 참 어렵네?

염증 치료하시겠습니까?

내가 유럽에 있었을 때는 사람들에게 인기가 좀 있는 편이었지. 아름다움 때문이 아니라 기원 식물로 말이야. 약처럼 쓰이는 식물을 기원 식물이라고 하는데 약전에 기록되어 있을 만큼 난 중요한 존재라고. 염증이나 박테리아를 줄이는 데에도 도움이 되고 이뇨 효과도 있다고 해. 나 좀 신비스러운 식물, 맞지?

악한 녀석이 된 양미역취

유채꽃 아니라고 실망했다고?

내가 노란색 꽃이 피다 보니까 나를 유채꽃으로 아는 사람이 있더라? 하지만 나는 귀화 식물로, 원래 살던 곳은 북아메리카야. 4월경에 꽃이 피는 유채와는 달리 나는 9월이나 10월에 꽃이 핀다고. 내가 이곳저곳에 많이 퍼져 있으니까 착각한 모양인데 잘 보면 우리는 다르게 생겼다고.

나도 사람들이 구경하는 경관 식물로 살았던 때가 있었어. 하지만 이제는 토종 식물을 밀어내는 나쁜 식물이래. 내가 환경을 훼손하고 있대. 갈대도, 쑥부쟁이도 밀어낸대. 내가 다 그랬대. 나는 그냥 살던 대로 살았을 뿐인데 말이야.

꿀벌 키운다고 나를 데려올 땐 언제고……

양봉을 위해 한국에서는 밀원 식물인 나를 북미

에서 처음 들여왔어. 양봉 알지? 꿀벌을 키우는 일 말이야. 꿀을 채취하려면 꽃이 필요한데 내가 제격이었나 봐. 나를 보면 알겠지만 나는 위로 쭉 뻗은 채 여럿이 촘촘하게 서서 꽃도 많이 피는 데다가 여러해살이풀이라 매우 강인하거든. 실제로 내 주변에는 늘 꿀벌들이 들끓지.

나를 일부러 심어 놓고 2009년부터 생태계 교란종이라고 지정하다니. 내 키가 이렇게 크면 주변에 있는 키 작은 꽃들이 햇빛을 잘 못 받을 줄 몰랐어? 한 번 뿌리 내리면 백 년도 살 수 있다는 것도 알고 있었잖아. 바람이나 물을 따라 종자를 옮기기 때문에 번식력도 남다르다는 것도.

이제는 워낙 많이 뿌리를 내리다 보니 귀화 식물이 되었어. 하지만 사람들은 나만 보면 일단 뽑고 보는 것 같아. 나를 뽑는 모임이 있을 정도라고 하니 좀 씁쓸해. 나를 보기 위해서가 아니라 나를 뽑기 위해서 모이는 거니까. 이제 나는 그냥 없어져야 하는 식물이 된 거야?

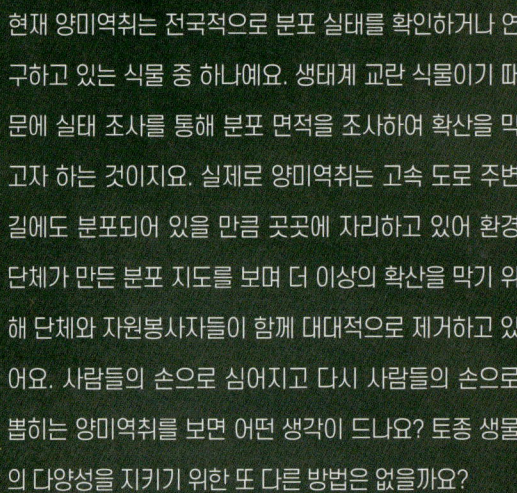

생각해 봐!

현재 양미역취는 전국적으로 분포 실태를 확인하거나 연구하고 있는 식물 중 하나예요. 생태계 교란 식물이기 때문에 실태 조사를 통해 분포 면적을 조사하여 확산을 막고자 하는 것이지요. 실제로 양미역취는 고속 도로 주변 길에도 분포되어 있을 만큼 곳곳에 자리하고 있어 환경 단체가 만든 분포 지도를 보며 더 이상의 확산을 막기 위해 단체와 자원봉사자들이 함께 대대적으로 제거하고 있어요. 사람들의 손으로 심어지고 다시 사람들의 손으로 뽑히는 양미역취를 보면 어떤 생각이 드나요? 토종 생물의 다양성을 지키기 위한 또 다른 방법은 없을까요?

밀원 식물이 뭐야?

꿀벌이 꿀을 모으기 위해 찾아 날아드는 식물을 말해요. 우리나라의 대표적인 밀원 식물로는 유채, 매화나무, 밤나무, 아까시나무 등이 있지요. 양봉을 하기 위해 꼭 필요한 식물이라서 '양봉 식물'이라고도 합니다. 꽃꿀을 많이 분비하기 때문에 꿀벌이 사용하고도 남은 꿀을 저장하는 식물이에요. 그러므로 꿀을 얻기 위해서는 밀원 식물이 필요하며 이런 식물을 심어야 안정적으로 꿀을 생산한답니다.

봤지? 우리한테 **악당**이라고 할 수 있겠어?